K A L I N L I N D E N A

2 FABIAN GOPPELSRÖDER

GESTE UND LINIE

Or, cette philosophie qui est à faire, c'est elle qui anime le peintre, non quand pas il exprime des opinions sur le monde, mais à l'instant où sa vision se fait geste, quand, dira Cézanne, il « pense en peinture ».

Maurice Merleau-Ponty

3 Eine *Geste* nennt Kalin Lindena ihre künstlerischen Interventionen. In den Raum geschnittene, zur Form gewundene Bewegungslinien. Shapes, Objekte, Arbeiten, die auch Spur des für eine Professorin der Kunstakademie eher ungewöhnlichen Werdegangs sind: Der Ursprung von Lindenas Schaffen liegt im Grafitti. „Die Künstlerin, die sprüht" war ein Artikel über sie 2015 doppeldeutig überschrieben. Bevor sie an der HBK in Braunschweig bei Hartmut Neumann, Johannes Brus und Walter Dahn studierte, war sie Sprayerin in den Straßen von Hannover. Und auch wenn sie mittlerweile seit 2014 selbst eine Malereiklasse in Karlsruhe betreut und leitet, schreibt sich dieser Ursprung in Lindenas künstlerischer Arbeit fort. Als Technik wie als Subkultur prägt das Graffiti ihre Praxis und ihr Selbstverständnis. Eine Prägung, die sich in keiner äußerlich eingängigen Ästhetik zeigt, sondern vor allem dann erkennbar wird, wenn man die malerischen und die skulpturalen, die installativen und die performativen Arbeiten als, ja, eben als *Gesten* zu verstehen sucht.

Das Wort ist hier kein Platzhalter. Es ist nicht metaphorisch im Sinne einer nachgeordneten, nur übertragenen Bedeutung, steht nicht für große Wirkung, Überwältigung und auch nicht für die kleine Setzung. *Geste* verweist an dieser Stelle eher auf den Modus der Entstehung der Arbeiten Lindenas. Wer gestisch malt, der malt im Raum wie beim Graffiti. Denn anders als mit Bleistift oder Kohle auf Papier wird jede Linie beim Sprühen zwangsläufig zur Bewegung des gesamten Körpers. Und darin auch zu dessen Spur. Die *Geste* ist nicht einfach Mittel, nicht nur der Ausdruck der Idee, eines schon abgeschlossenen Gedankens. Sie ist das Denken im Vollzug, könnte man sagen, ‚penser en peinture', wie es Maurice Merleau-Ponty in Paul Cézannes Werk zu erkennen meint. Gestisch organisieren wir die Welt von innen statt von außen, verschieben und verdrehen das Vertraute bis sich uns neue, ungewohnte Formen zeigen. Formen, die nicht auf den Begriff zu bringen sind, die sich nicht abstrahieren lassen, nur im Konkreten für uns anschlussfähig bleiben. *Gesten* sind keine Zeichen, in denen wir das Medium als materialen Träger von der durch ihn vermittelten Bedeutung trennen könnten. Sie sind Bewegungslinien des

Körpers, die in sich selbst zurückkehren, Muster, welche die ‚kleine Vernunft des Geistes' nicht versteht, für die es eine ‚große Vernunft des Leibes' (Friedrich Nietzsche) braucht, um sie zu prozessieren, zu verdauen. Der Mensch als Ganzes ist ihr Maß.

In der Philosophie wird mit dem Homo mensura Satz – der Protagoras zugeschriebenen Maxime vom ‚Menschen als dem Maß aller Dinge' – ein epistemologischer Relativismus verbunden: Erkenntnis ist nicht objektiv, sie ist abhängig vom Standort und den subjektiven Fähigkeiten des Individuums.

In der künstlerischen Arbeit ist das anders. Der „Mensch als Maß und Mitte" war das Leitbild Oskar Schlemmers. In der Malerei und mehr noch in seinen Bühnenarbeiten entfaltet sich der Raum durch die menschliche Figur wie diese ihre Form nur durch den Raum zu finden scheint. Der „Mensch als Maß und Mitte" führt bei Schlemmer nicht in die Vereinzelung. Er zeigt das Individuum vielmehr als Ort, in dem sich Teil und Ganzes, Objekt und Raum gegenseitig erst vermitteln. So bilden im triadischen Ballett Kostüm, Bewegung und Musik, Figur, Form und Farbe, Kreis, Quadrat und Dreieck ein Gesamtkunstwerk, das gleichsam aus dem korsettierten Körper der Tänzer*innen heraus entsteht.

Nicht zufällig wird auch Lindenas Arbeit immer wieder mit derjenigen Oskar Schlemmers assoziiert. Sie selbst bezieht sich explizit auf ihn. In einem Beitrag zum 100-jährigen Jubiläum des Triadischen Balletts in Stuttgart vor zwei Jahren vermisst sie und gestaltet sie den Raum in der ikonischen Rotunde der Staatsgalerie mit Hilfe von am Boden angebrachten bunten Klebestreifen. Fünf Tänzer*innen gehen Schritt für Schritt entlang der Linien, bilden in ihren *Gesten* ausgreifende, bewegte Körpermuster und -konstellationen. Keiner der Körper ist, so wie bei Schlemmer, durch ein Korsett beengt. Und doch sind seine Bewegungen nachhaltig limitiert. Die vorgeklebten Linien bilden die Grenze und zugleich die innere Struktur des Raums, der sich durch die Performance auftut. In ihr öffnen sich spatiale Möglichkeiten, die unser durch Routinen habitualisierter Alltagskörper nicht erschöpft.

Durch die Bewegungen der ‚Gehtänzer' (ein von Lindena bei Peter Handke geliehener Begriff) wird die Bodenlinie ins Dreidimensionale moduliert und vom scheinbar simplen Vektor, vom Mittel der Ausrichtung auf einen Punkt, zum Medium einer „Aufteilung des Sinnlichen", wie Jacques Rancière die Verschiebung unserer vorbewussten Organisation von Wahrnehmung bezeichnet. Die Bewegungen der Körper, die *Gesten* der Performer*innen haben hier nicht wirklich einen Anfang und letztlich auch kein Ende. Sie sind gerade nicht mehr durch ein Ziel bestimmt. Die von ihnen, mit ihrem Körper im Raum gezogenen Linien werden zum Kreis, auch da, wo sie nicht als ein Kreis erscheinen.

Kreise aber, die die wahrnehmbare Welt aufteilen, sind Meridiane.

In seiner Büchnerpreisrede von 1960 hat Paul Celan die Linie eines Gedichts in Abgrenzung zum Vektor informativer Sprache einen Meridian genannt: eine Linie, die verbindet und Begegnungen ermöglicht, die immateriell und doch irdisch, terrestrisch ist, die „über die beiden Pole in sich selbst" zurückkehrt „und dabei – heitererweise – sogar die Tropen" durchkreuzt.

Auch die Linien Lindenas sind als *Gesten* eigentlich Meridiane. Sie durchschneiden den Raum, teilen ihn auf und ermöglichen gerade dadurch neu Verbindung und Begegnung. Sie finden sich als Klebestreifen oder als diaphane Vorhänge; als filigrane Kanten der skulpturalen Arbeiten, als durchscheinende Glasmalerei oder als die performative Überschreitung der erst dadurch sichtbar werdenden Trennung von Innen und Außen. Grenzen, die nicht abschotten und auf das Eigene zurückwerfen, sondern stattdessen Liminalität und also Übergangserfahrungen erlauben. Wo wir daran gewöhnt sind, nur Eines oder Anderes zu sehen, nur Dieses oder Jenes, Entweder/oder, da öffnet sich an ihnen das Zwischen der Oppositionen. Die Alltagsordnung unserer Wahrnehmung verschwimmt, was klar erkennbar war, wird unscharf. Die Zwischenräume selbst ziehen die Aufmerksamkeit auf sich und lassen das Binär als Schema kollabieren. Lindena sucht gerade diesen Kollaps.

Die mit ihrer Kunst markierten Grenzen sind gewollt porös und brüchig. Sie teilen den Raum auf und gründen trotzdem keine neue Ordnung. Was diese Grenzen auszeichnet, ist ihre Übergängigkeit. Lindenas Arbeit folgt, könnte man sagen, einem musikalischen Prinzip. Klang und Sound – diese „Grenzübertreter von Natur“, wie es Hans Jonas pointierte – nutzt sie als eine Art Katalysator ihrer eigenen Projekte und rhythmisiert die Wahrnehmung durch in den Raum gelegte *Gesten*linien zu einem niemals endenwollenden Prozess des Übergangs.

So wird in Karlsruhe der Projektraum der Städtischen Galerie zum Panorama aus- und ineinander übergehender, erst im Verschwinden sichtbarer Fahnen-Formationen. In den als Waffen- und als Munitionsfabrik gebauten Räumen transformiert Lindena Banner und Standarte als Zeichen strikter hoheitlicher Ordnung und straffer Hierarchie in einen bildnerischen Ausdruck der Vielgesichtigkeit des Wirklichen; zu aus der militärischen Vereinnahmung befreiten Umrisslinien vom Wind bewegter Leinwand. Weder nur Skulptur noch einfach Malerei sind die mit reflektierend farbig unbestimmtem Stoff bespannten Shapes an die Wand montierte Formen, die nur im Blick der wandernden Betrachter*in ihre Lebendigkeit erlangen. Nicht, was man auf den ersten Blick zu sehen meint – das Abbild, das Sujet, das Zeichen – ist entscheidend, sondern wie sich dieses scheinbar Erkannte ständig verändert, sich nicht fixieren lässt. Die Übergängigkeit der Formen selbst wird zur ontologischen Pointe dieser Arbeit. Man muss den Raum begehen, die sich verschiebenden Blickwinkel und Perspektiven aktiv suchen, das Spiel der fließenden Wahrnehmung mitmachen. Die die Decke tragenden, zentralen Säulen werden zu gekanteten und schlecht proportionierten Fahnenstangen, deren schwerfällige Masse an den leicht in der Luft tanzenden Formen zieht und sie doch nicht zu halten und zu arretieren schafft. Ein Schritt und dieses Bild zerfällt, zeigt sich als Illusion, vielleicht auch als ein Wunschbild, das mehr über die Erwartungen von uns als den Betrachtenden aussagt als über das, was hier tatsächlich wunderbar erfahrbar wird: die bewegte Kontingenz unserer Wahrnehmung.

Lindena geht es nicht um diesen einen Gegenstand, um dieses eine Bild, diese Skulptur, die einzelne Performance. Sie alle sind vor allem Mittel einer allein für den Moment im Auge des Betrachters möglichen gelingenden Intervention. Eine Irritation, die die Wahrnehmungsroutinen stört, eine Provokation, die eine Re-Aktion hervorruft. Die Ausstellung wird so zu einer Art Experimentalsystem, in dem jede Besucher*in gewissermaßen zum Versuchsobjekt mutiert: Erst mit der Re-Aktion auf das Gesehene, das Wahrgenommene vollenden sich die hier gezeigten Arbeiten als *Gesten*.

Auch hierin wird der Ursprung dieser Kunst aus dem Graffiti deutlich: Die *Geste* ist nicht nur die Spur des Körpers, sie ist zugleich die Forderung nach körperlicher Re-Aktion von Seiten der Betrachtenden. Mit allen Konsequenzen, die das mit sich bringt: Verstörung, Unverständnis, Ärger. Wichtig ist nur, sich nicht in dem gemütlich einzurichten, was uns als ‚schön‘, als ‚gut‘, als ‚Kunst‘ und ‚nicht Kunst‘ längst vertraut und einfach einzuordnen ist. Das ist die vielleicht letzte Linie, die letzte Grenze, die sich in diesen so reduziert-einfach scheinenden Arbeiten als Übergang entfaltet: die Grenze zwischen Kunst und Lebenswelt.

„Keep it simple“ ist eine der Maximen Kalin Lindenas. Und tatsächlich schafft sie es auf ihre Weise, scheinbar Vertrautes mit neuen Augen anzusehen, die Komplexität des Einfachen künstlerisch zu entfalten.

Or, cette philosophie qui est à faire, c'est elle qui anime le peintre, non quand pas il exprime des opinions sur le monde, mais à l'instant où sa vision se fait geste, quand, dira Cézanne, il « pense en peinture ».

Maurice Merleau-Ponty

Kalin Lindena calls her artistic interventions gestures. They are lines of movement cut into the space and twisted to form; shapes, objects, works that are also traces of her rather unusual career path as a professor at the art academy. For Lindena's work originated in graffiti. "Die Künstlerin, die sprüht", "the artist who sprays", was the ambiguous title of an article written about her in 2015. Before studying at the HBK in Braunschweig under Hartmut Neumann, Johannes Brus and Walter Dahn, Lindena was a sprayer on the streets of Hannover. And even though she has taught and led a painting class in Karlsruhe since 2014, this origin is still reflected in her artistic work. As technique and subculture, graffiti shapes her practice as well as her self-image. It's an imprint that does not manifest itself in any outwardly catchy aesthetic, but becomes particularly recognizable when one tries to understand the painterly and sculptural, installative and performative works as, well, *gestures*.

The word is not a placeholder here. It is not metaphorical in the sense of a subordinate, merely figurative meaning. Gesture rather refers to the mode of creation of Lindena's works. She who paints gesturally paints in space, as in the case of graffiti. In contrast to pencil or charcoal on paper, every line sprayed inevitably becomes a movement of the entire body. And thereby also becomes its trace. The *gesture* is not simply a means, not just the expression of an idea, an already completed thought. It is thinking in process, one could say, 'penser en peinture', as Maurice Merleau-Ponty writes with respect to the work of Paul Cézanne. Gesturally, we organize the world from the inside instead of the outside, shifting and twisting the familiar until new, unfamiliar forms begin to reveal themselves. Forms that cannot be conceptualized, that cannot be abstracted, that only remain connectable for us in the concrete. *Gestures* are not signs in which we can separate the medium, the material carrier from the meaning it conveys. They are lines of movement of the body that return into themselves, patterns that our 'small reason of the mind' does not understand, for which the 'great reason of the body' (Friedrich Nietzsche) is needed in order to process and digest them. Man as a whole is its measure.

In philosophy, the *Homo mensura theorem*—a maxim attributed to Protagoras as 'man as the measure of all things'—is associated with epistemological relativism: knowledge is not objective, but rather dependent on the location and subjective abilities of the individual.

This is different in artistic work. The "human being as measure and as centre" was Oskar Schlemmer's guiding principle. In his paintings and even more so in his stage works, space unfolds through the human figure, just as the human figure seems to find its form only through space. For Schlemmer, 'man as measure and centre' does not lead to isolation. Rather, it describes the individual as a place in which part and whole, object and space mediate each other. In the triadic ballet, costume, movement and music; figure, form and colour; circle, square and triangle form a *Gesamtkunstwerk* that emerges from the dancers' corsetted bodies, so to speak.

It is no coincidence that Lindena's work is repeatedly associated with that of Oskar Schlemmer. She explicitly refers to him herself. In a contribution to the 100th anniversary of the Triadic Ballet in Stuttgart two years ago, she measured and designed the space in the iconic rotunda of the *Staatsgalerie* with the help of colourful adhesive strips attached to the floor. Four dancers walked step by step along the lines, forming expansive, moving body patterns and constellations in their gestures. None of the bodies were—as with Schlemmer—constrained by a corset. And yet their movements were visibly limited, conditioned. The pre-taped lines formed the boundary and at the same time the inner structure of the space that emerges through the performance. It opened up spatial possibilities that our everyday bodies, habitualized by routines, do not make use of.

Through the movements of the 'walking dancers' (a term Lindena borrows from Peter Handke), the floor line was modulated into the three-dimensional and transformed from a seemingly simple vector, aimed at one point, into the medium of a "reconfiguration of the sensible", as Jacques Rancière describes the shift in our preconscious organization of perception. The movements of the bodies, the gestures of the performers no longer have a beginning here and no end either. They are no longer determined by a goal. The lines they draw with their bodies in space become a circle, even where they do not appear as one.

But circles that divide the perceptible world are meridians.

In his Büchner Prize speech in 1960, Paul Celan called the line of a poem a meridian in contrast to the vector of informative language: a line that connects and enables encounters, that is immaterial and yet earthly, terrestrial, that returns "across the two poles into itself (...) and thereby—cheerfully—even crosses the tropics".

As gestures, Lindena's lines are also actually meridians. They cut through space, divide it up and thereby enable new connections and encounters. They can be found as adhesive strips or as diaphanous curtains; as the filigree edges of sculptural works, as translucent stained glass or as the threshold between inside and outside, becoming visible only in the course of its performative transgression. Boundaries that do not seal us off and throw us back on our own, but instead allow liminal and thus transitional experiences. Where we used to see only one or the other, only this or that, either/or, the in-between of oppositions opens up. The everyday order of our perception turns blurry; what was clearly recognizable becomes indistinct. The interstices themselves draw attention to themselves and cause the binary schema to collapse.

Lindena seeks this collapse. The boundaries marked by her art are intentionally porous and fragile. They reconfigure space and yet do not establish a new order. What characterizes these boundaries is their transience. Lindena's work follows, one could say, a musical principle. She uses sound and tone—these "transgressors of nature", as Hans Jonas put it—as a kind of catalyst for her own projects and rhythmicizes perception through gestural lines creating a never-ending process of transition.

In Karlsruhe, the '*Projektraum*' of the Städtische Galerie becomes a panorama of merging flag formations becoming visible in the very moment of their disappearance.

In the former arms and ammunition factory, Lindena transforms banners and standards as signs of order and hierarchy into a pictorial expression of the multifaceted nature of reality; into outlines freed from military appropriation, canvases moved by the wind. Neither mere sculpture nor simply painting, the shapes mounted on the wall and covered with reflectively coloured, indeterminate fabric only come to life in the gaze of the wandering viewer. It is not what one thinks one sees at first glance that is decisive—the image, the subject, the sign—, but how this seemingly recognizable form constantly changes and shifts. The transience of the forms themselves becomes the work's ontological punchline. You have to walk through the space, actively seek out the shifting angles and perspectives, take part in the game of fluid perception. The central pillars supporting the ceiling become bent and poorly proportioned flagpoles, their ponderous mass pulling at the forms dancing lightly in the air, yet unable to hold and lock them in place. One step and this image falls apart, revealing itself as an illusion, perhaps also as a wishful image that says more about our expectations as viewers than about what is actually wonderfully tangible here: the fundamental contingency of our relationship to the perceptible world.

Lindena is not interested in this one object, this one picture, sculpture, or performance. Ultimately, they are all only means of an intervention possible only for the moment in the eye of the beholder. An irritation that disturbs the routines of perception, a provocation that triggers a re-action. The exhibition thus becomes a kind of experimental system in which every visitor mutates into a kind of test object: it is only in re-action to what is seen, what is perceived, that the works shown complete themselves as gestures.

Here, too, the graffiti-origin of this art manifests itself: gesture is not only in the trace of the body, but also in the demand for physical re-action on the part of the viewer. And with all the consequences that this entails: disturbance, incomprehension, anger. The important thing is not to settle comfortably into what we have long been familiar with and can easily classify as 'beautiful', 'good', 'art' and 'not art'. This, perhaps, is the last boundary that in Lindena's allegedly simple, reduced kind of work unfolds as a transition: the boundary between art and what seems to be the monotony of everyday life.

"Keep it simple" is one of Kalin Lindena's maxims. And indeed, in her own way, she manages to look at the seemingly familiar with new eyes, to artistically unravel the complexity of the perceptible world.

N O V E M B E R i S M

12 NOVEM BERiSM 2018 BEIZE, TUSCHE UND SPRÜHLACK AUF PAPIER, 224,5 x 240 CM

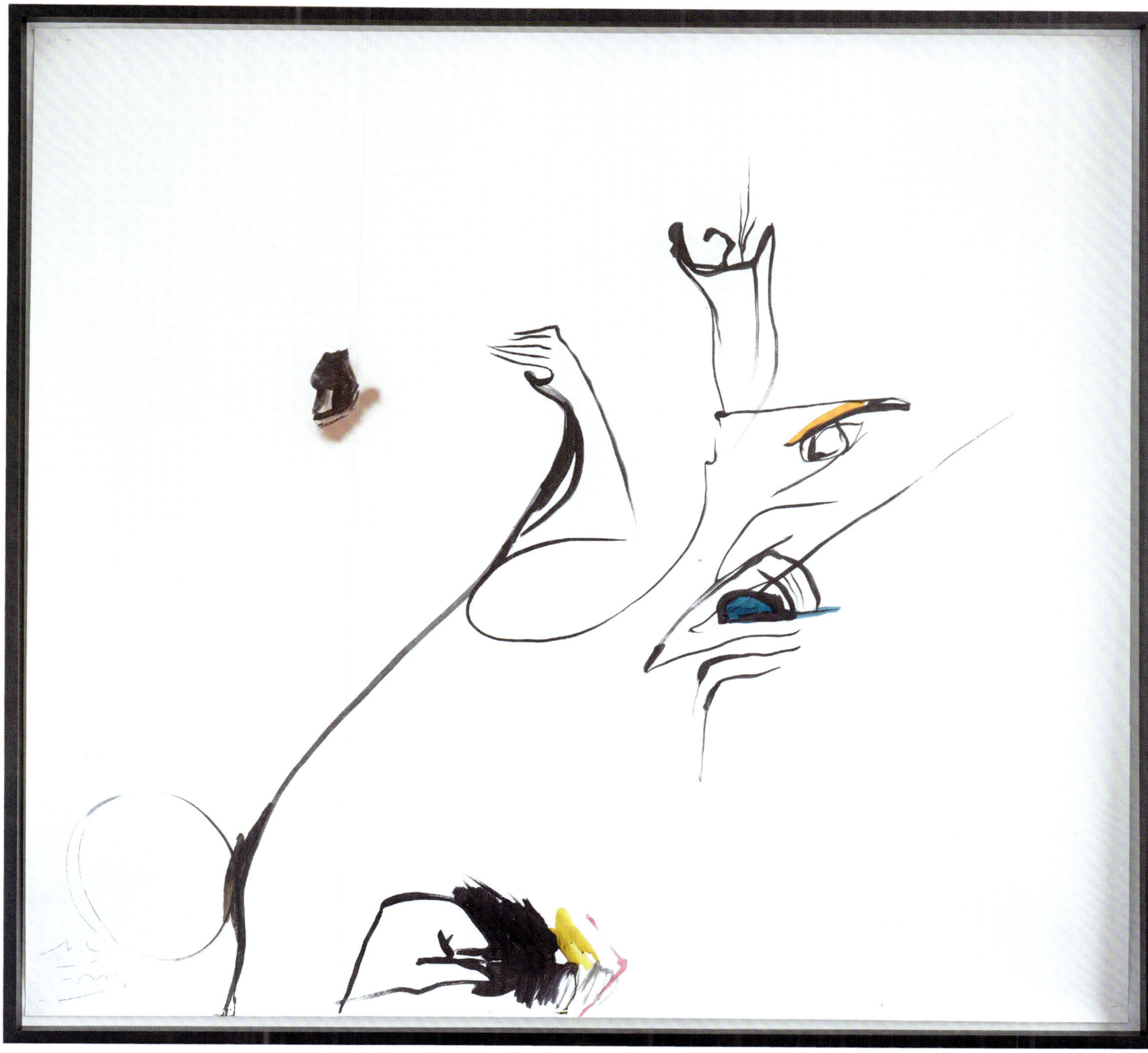

14 IKONE 2018 ÖL, BEIZE UND SPRÜHLACK AUF PAPIER, 150 x 140,5 CM

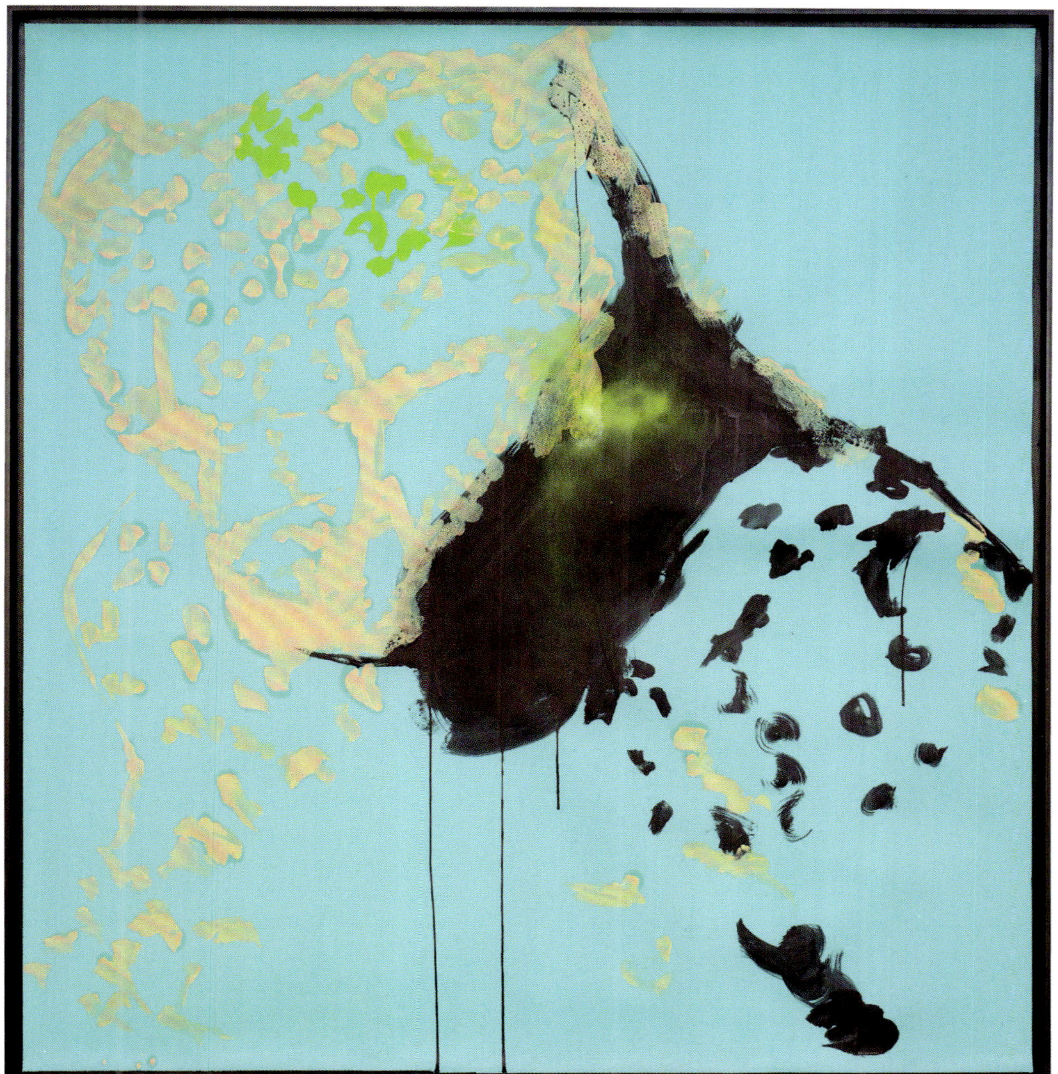

16 LASS UNS GESEHEN 2018 ÖL, BEIZE UND BLEISTIFT AUF PAPIER, 199,5 x 203,5 CM

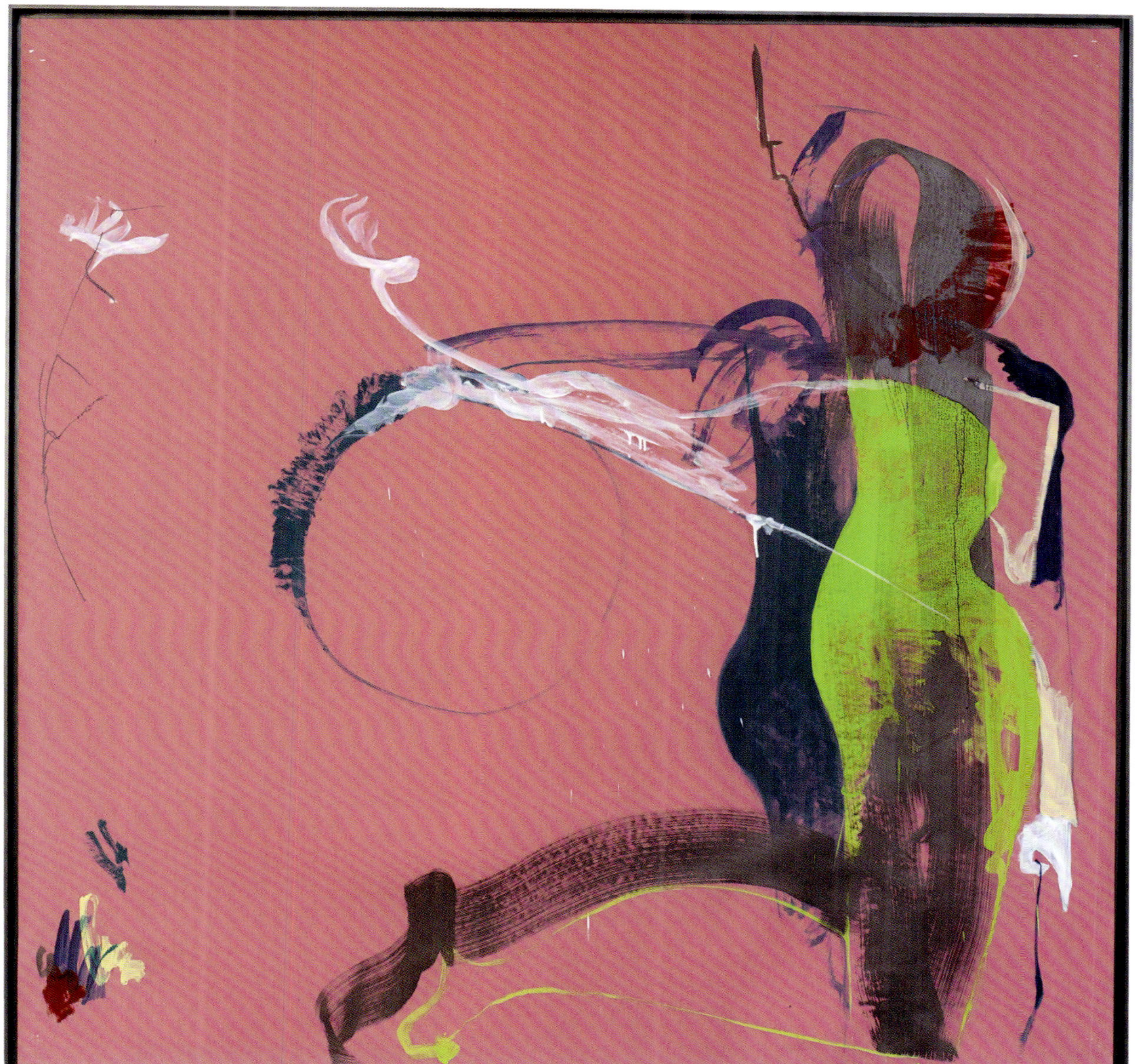

18 HAND (RÜCKSEITE VON EIS IST WARM) 2018

METALL, LUFTMATRATZE, SPRÜHLACK, NYLONGÜRTEL, 287 x 160 x 44 CM

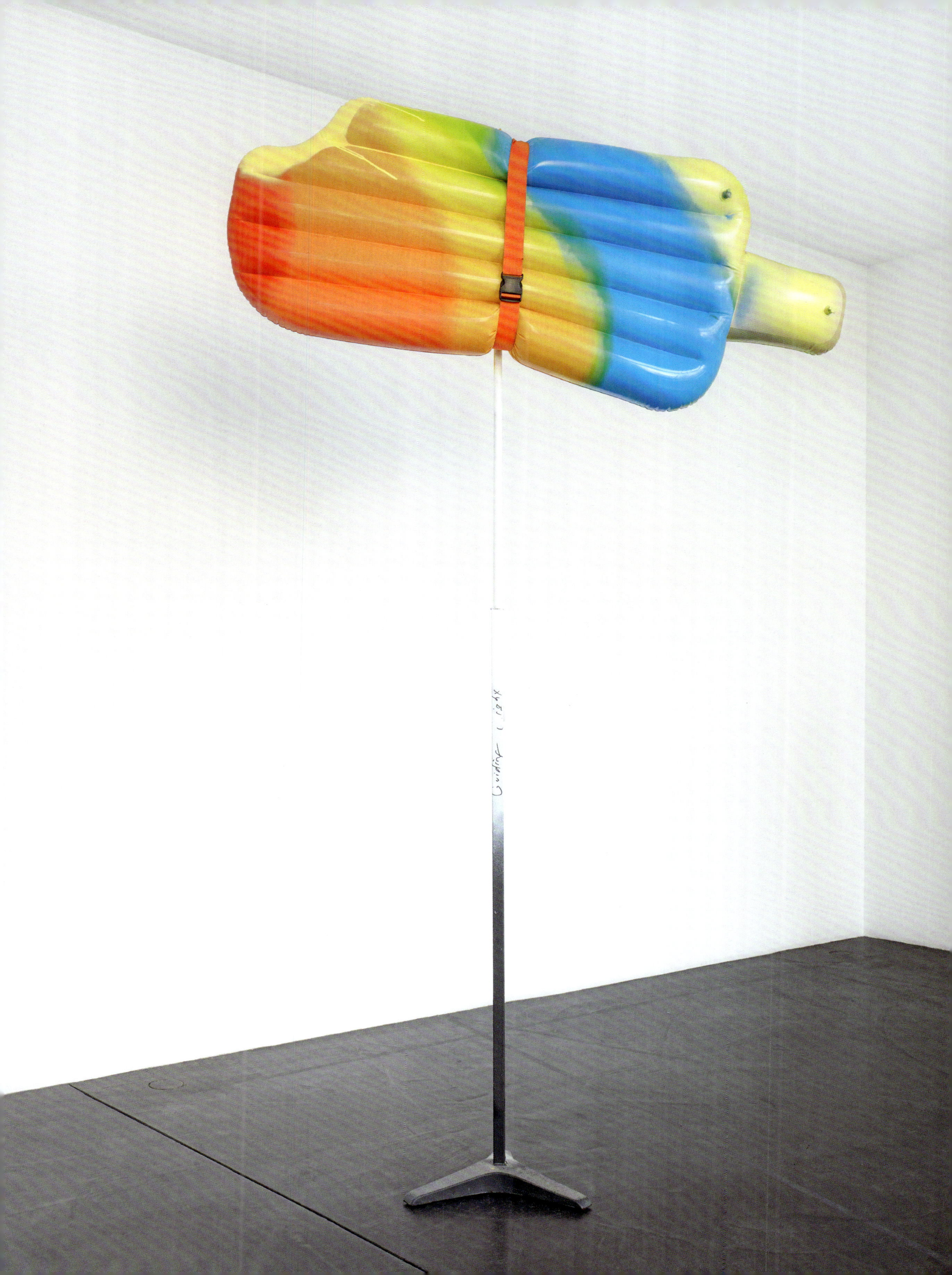

20 LINKS + RECHTS = KNOT 2018 BRONZE, LACK, AUFBLASHAND, GRÄSER, 196 x 72 x 11 CM (DETAIL)

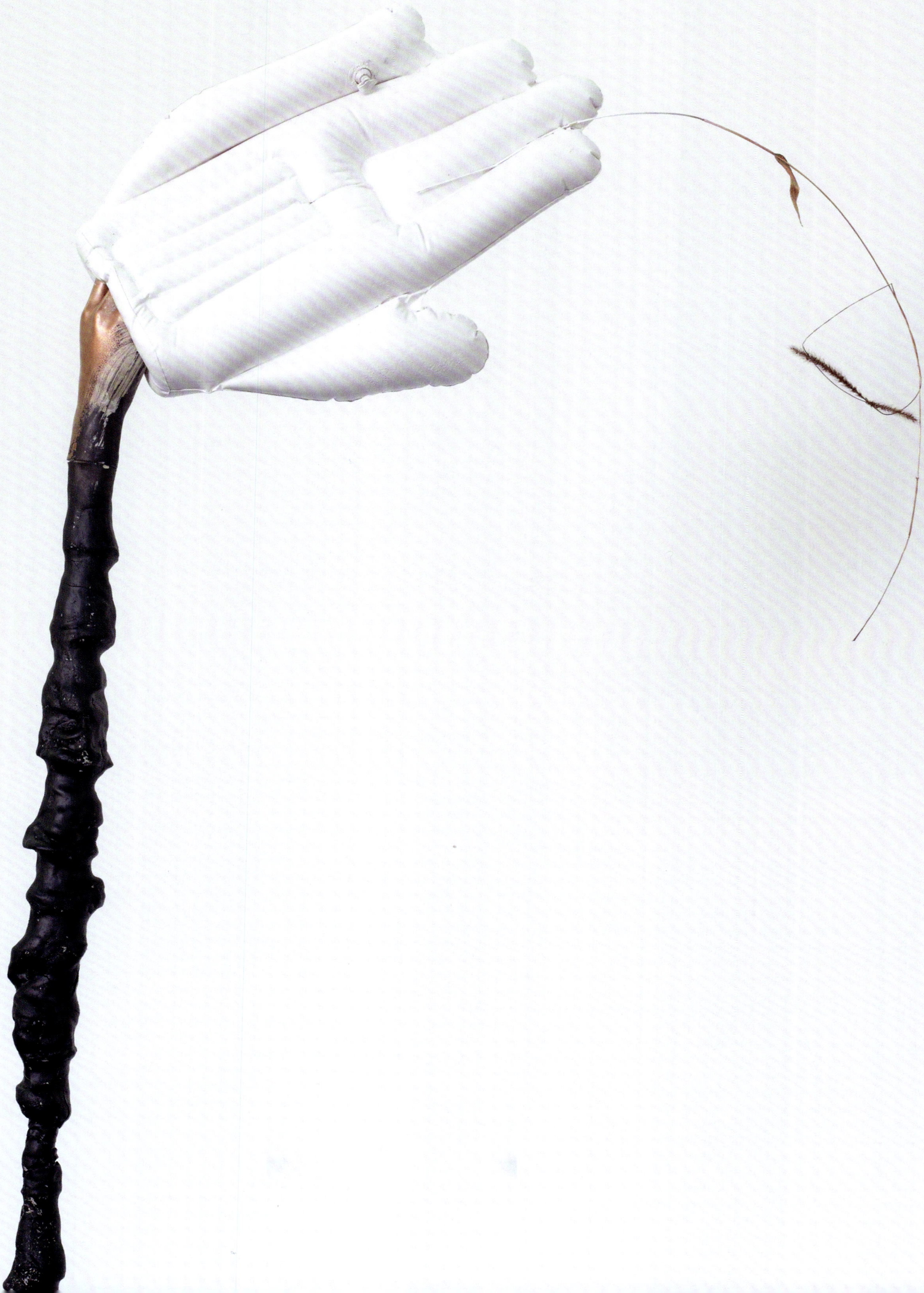

22 FAUST 2018 METALL, CROSS-REIFEN, LUFTMATRATZE, BRONZESPRAY, KLEINE EISE, 255 x 70 x 70 CM

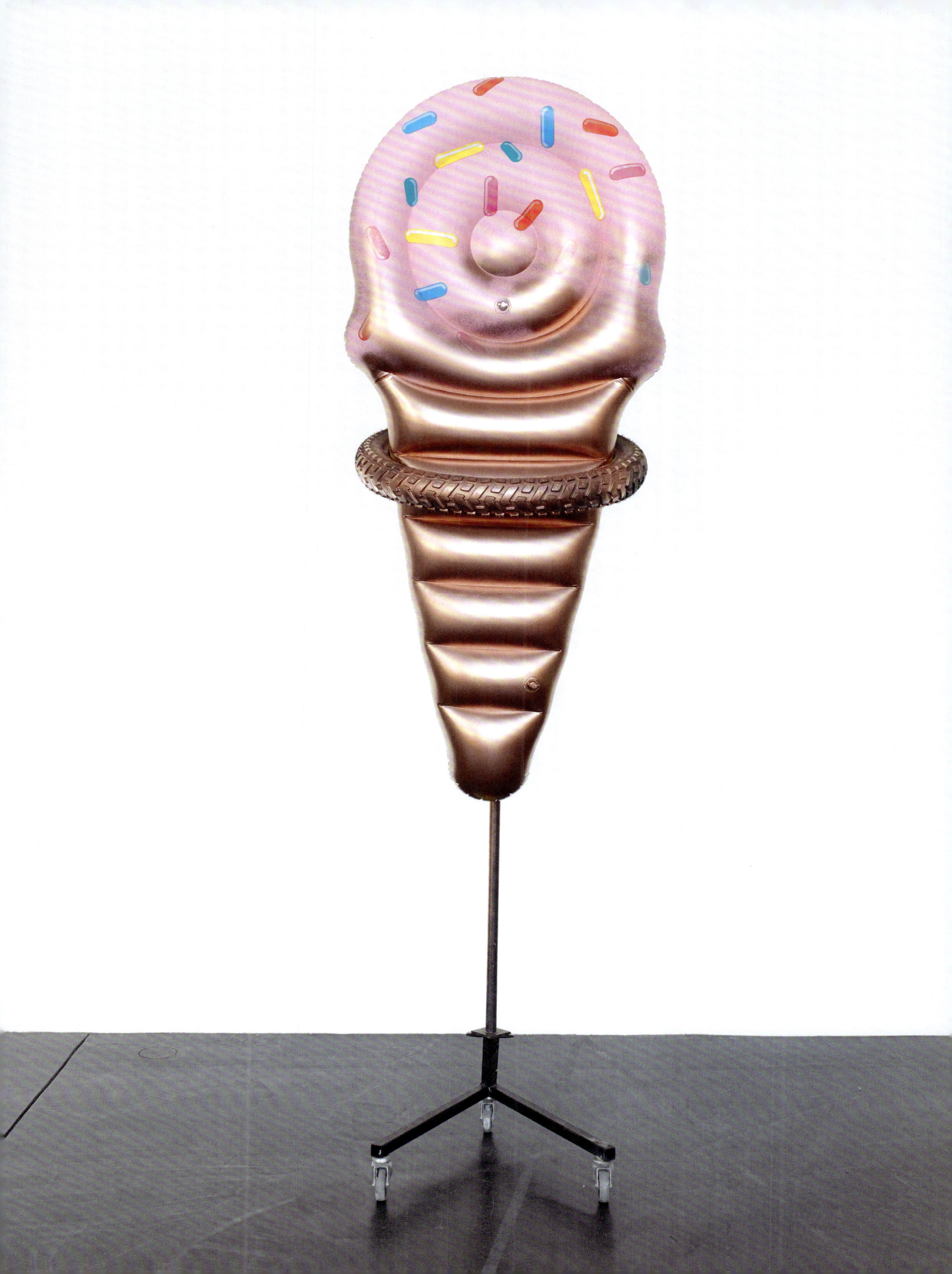

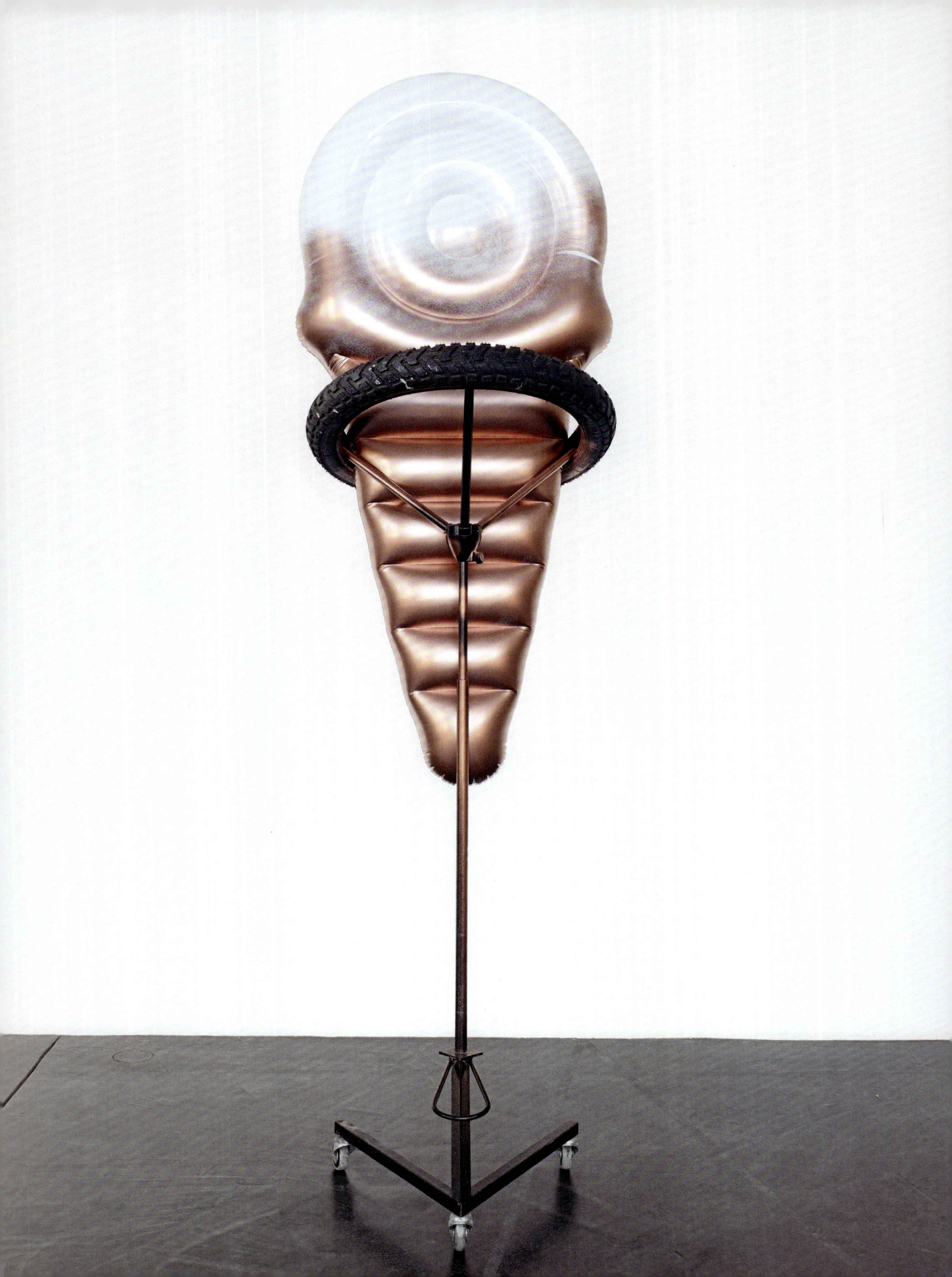

25 FAUST 2018 METALL, CROSS-REIFEN, LUFTMATRATZE, BRONZESPRAY, KLEINE EISE, 255 x 70 x 70 CM

26 LIDSTRICH 2018 KALIN LINDENA MIT DIRK BELL, ACRYL UND SPÜHLACK AUF GLAS, HOLZ, METALL, 188,5 x 177,5 x 96 CM

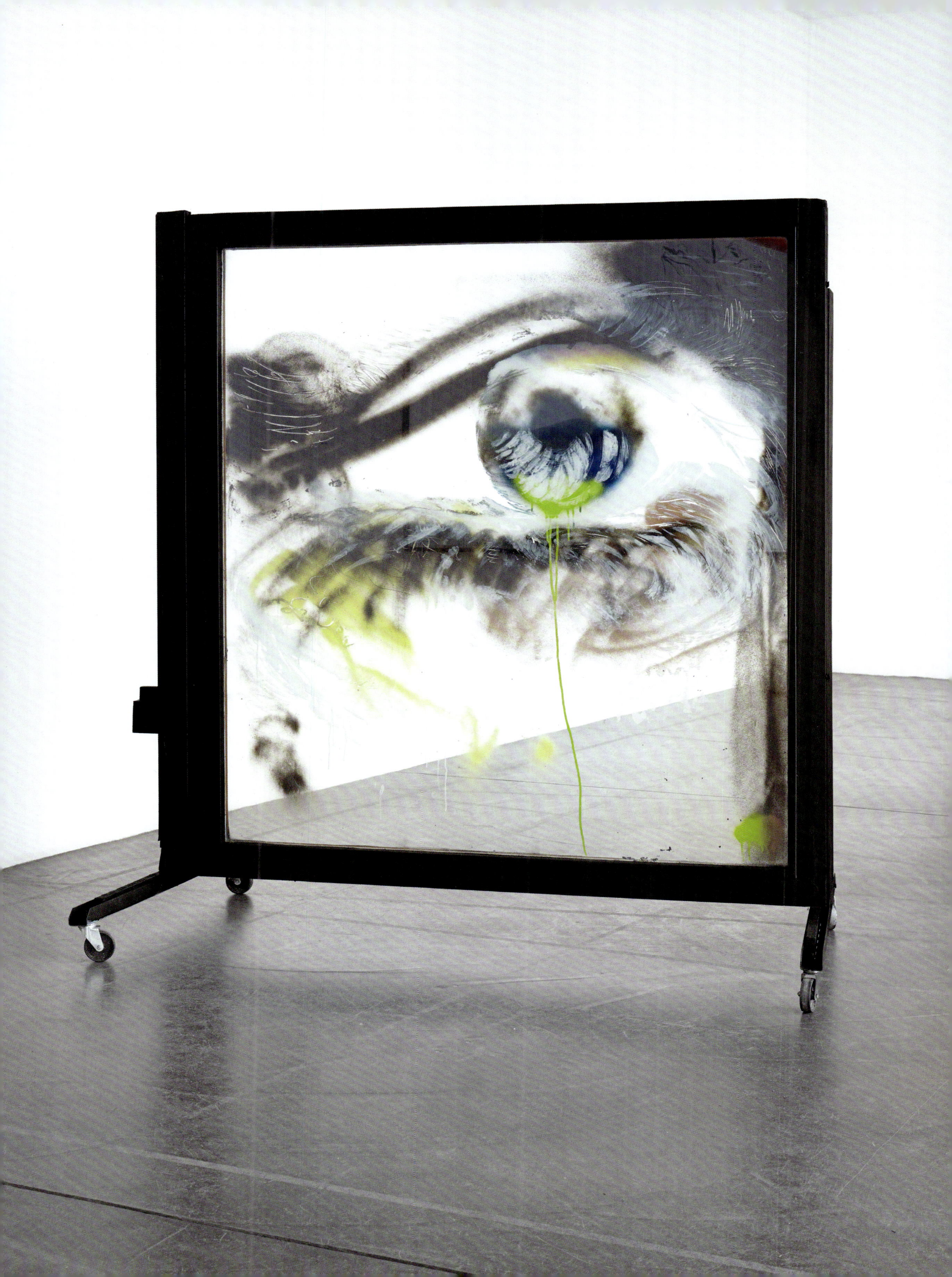

28 TAGESBRUCH AN 2018 BEIZE UND SPRÜHLACK AUF PAPIER, 237,5 x 249 CM

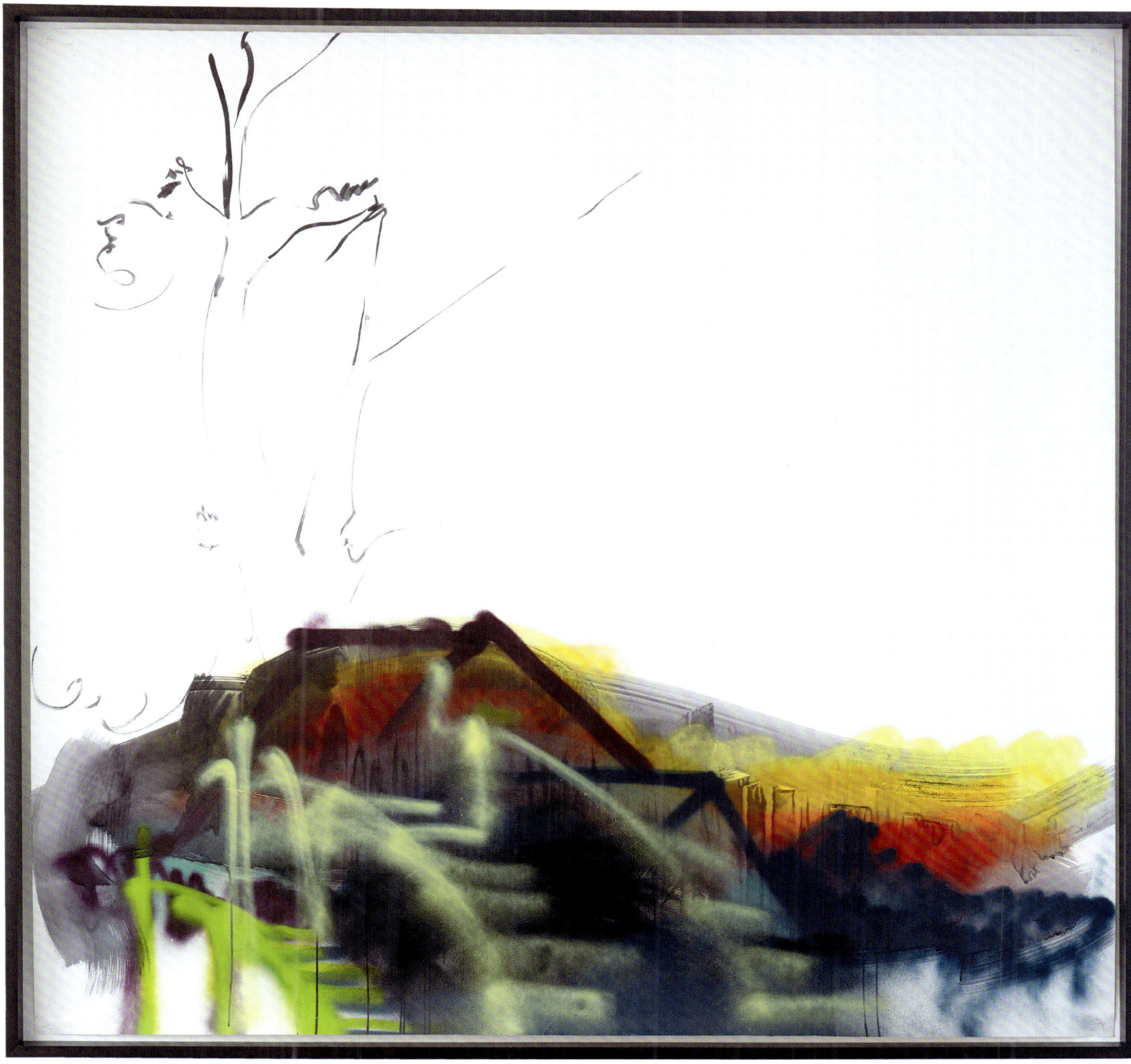

AUS DER SERIE ARiSE

32 AUS DER SERIE ARiSE (GELB UND SILBER) 2020 SPRÜHLACK UND BEIZE AUF PAPIER, 130 x 120 CM

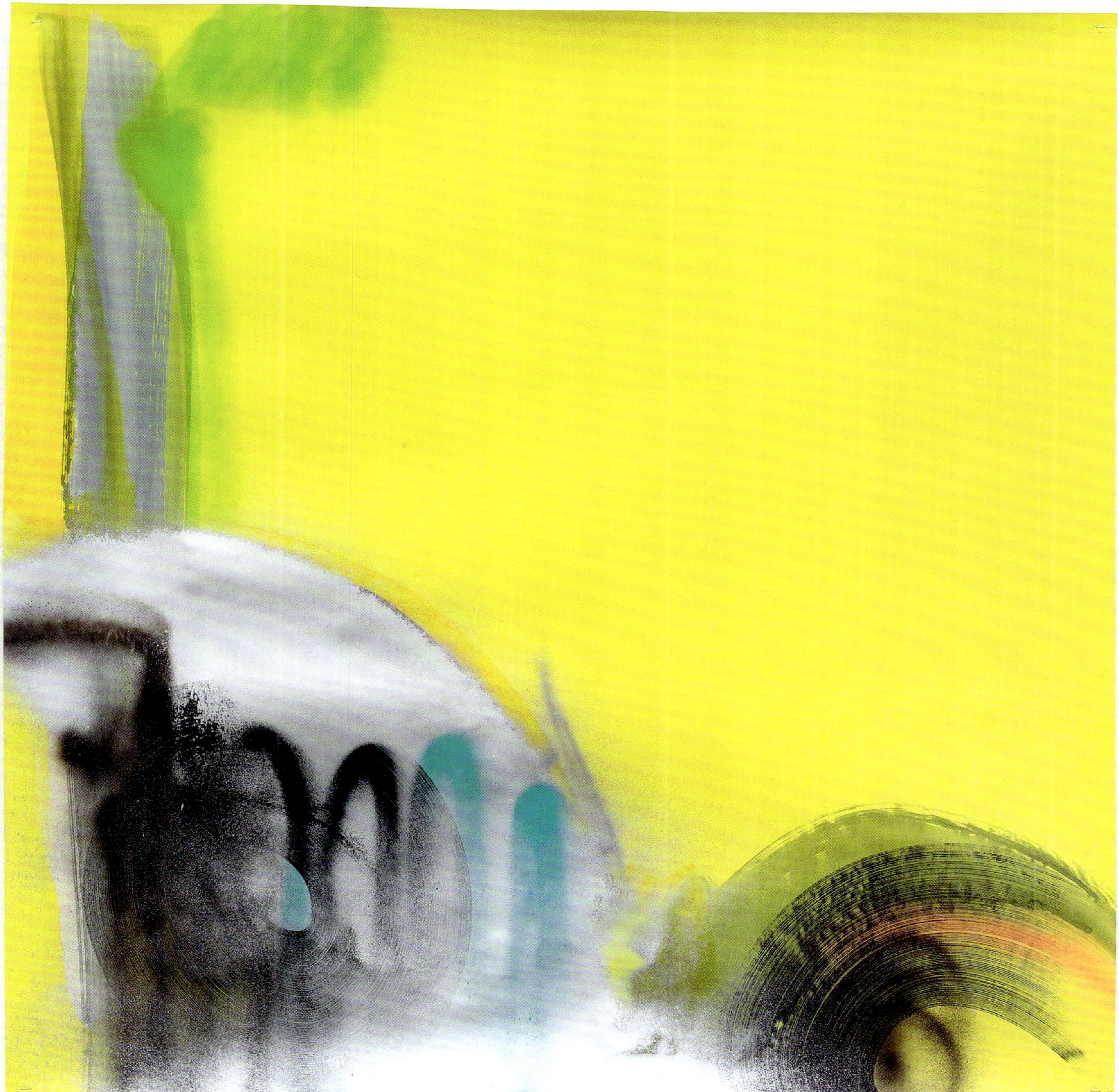

34 AUS DER SERIE ARiSE (GELB UND GELB) 2020 SPRÜHLACK UND BEIZE AUF PAPIER, 140 x 130 CM

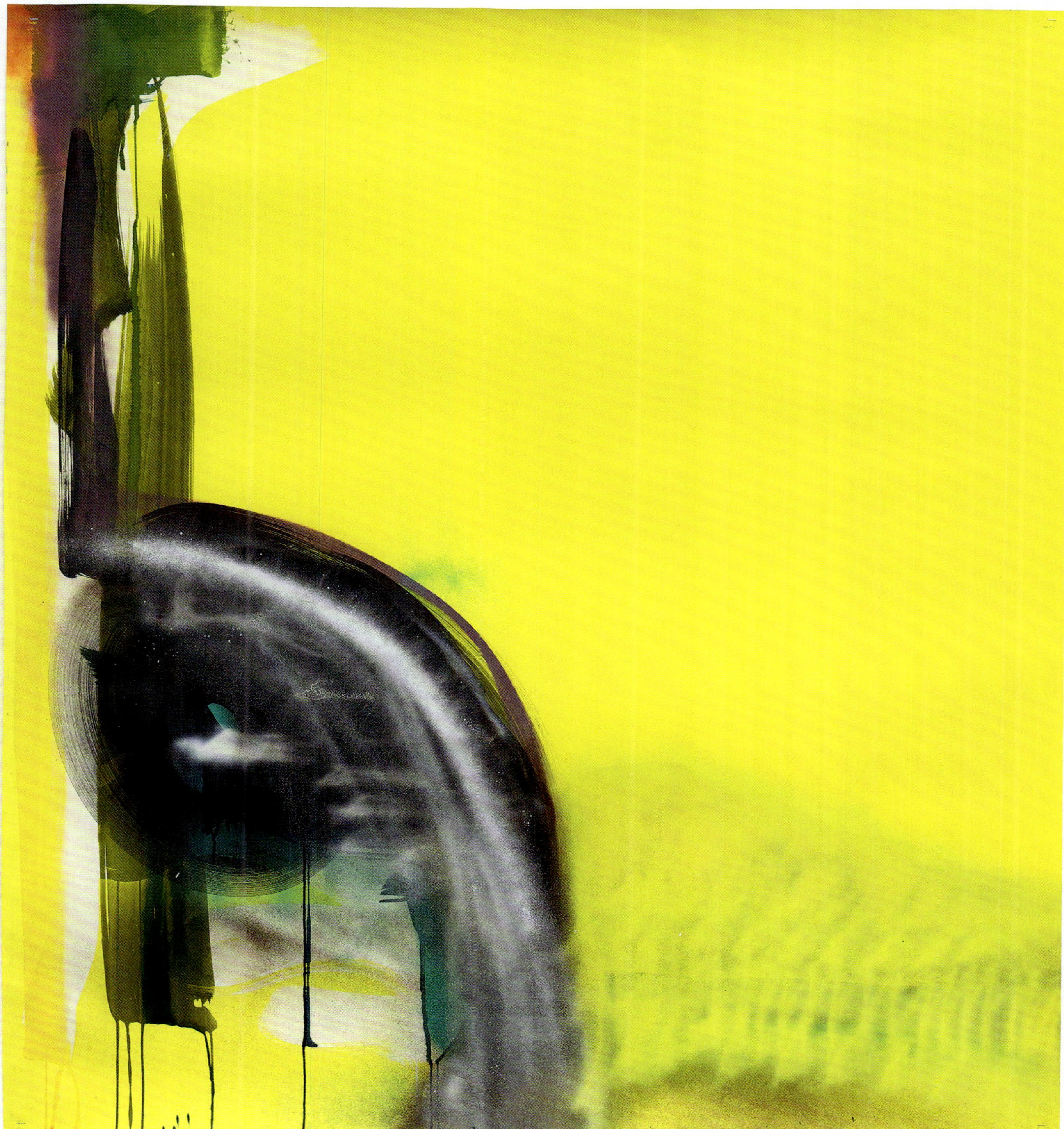

36 AUS DER SERIE ARiSE (BRAUN) 2020

SPRÜHLACK UND BEIZE AUF PAPIER, 140 x 130 CM

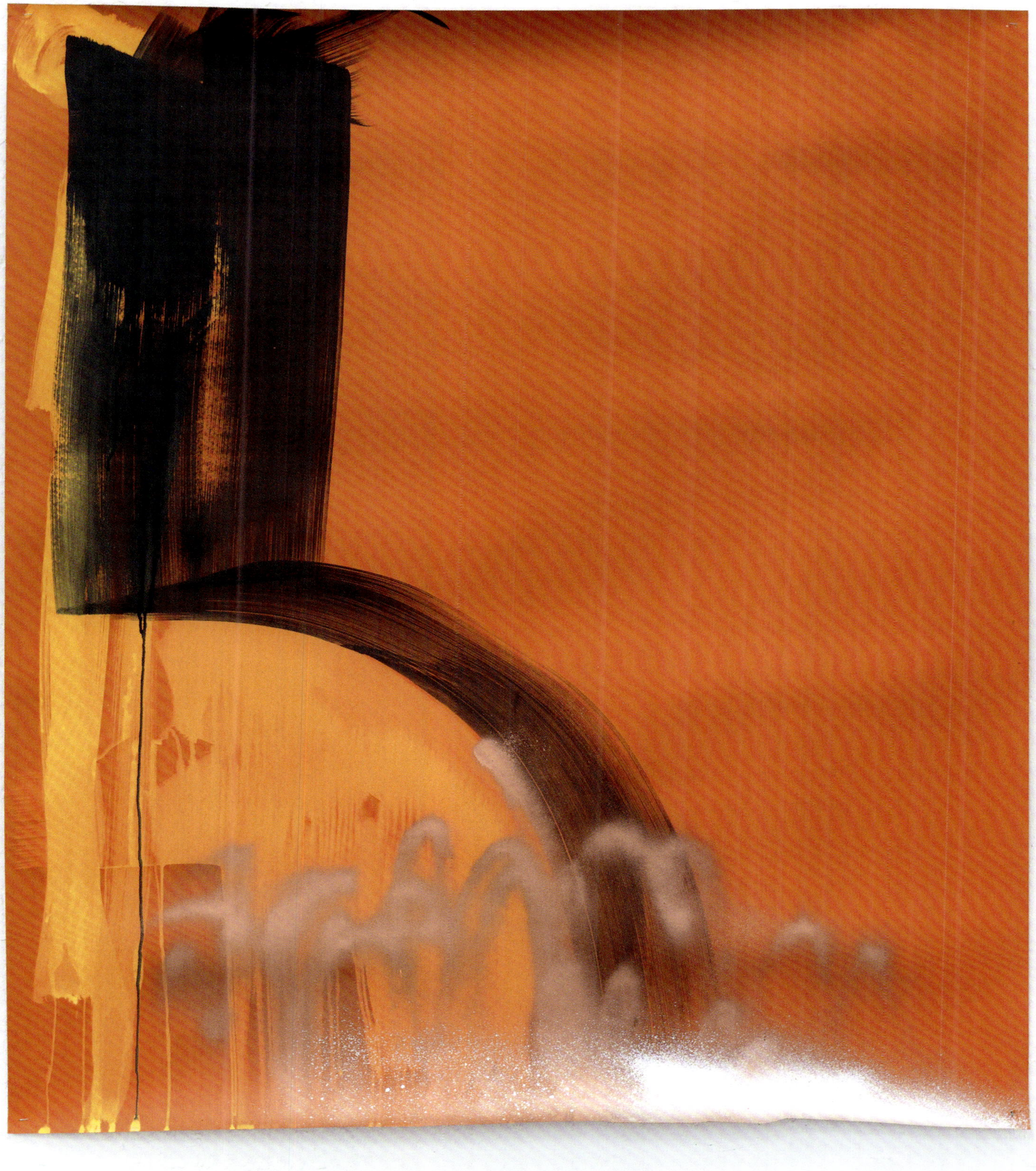

AUS DER SERIE ARiSE (BLAU) 2020

BEIZE UND SPRÜHLACK AUF PAPIER, 267 x 137 CM

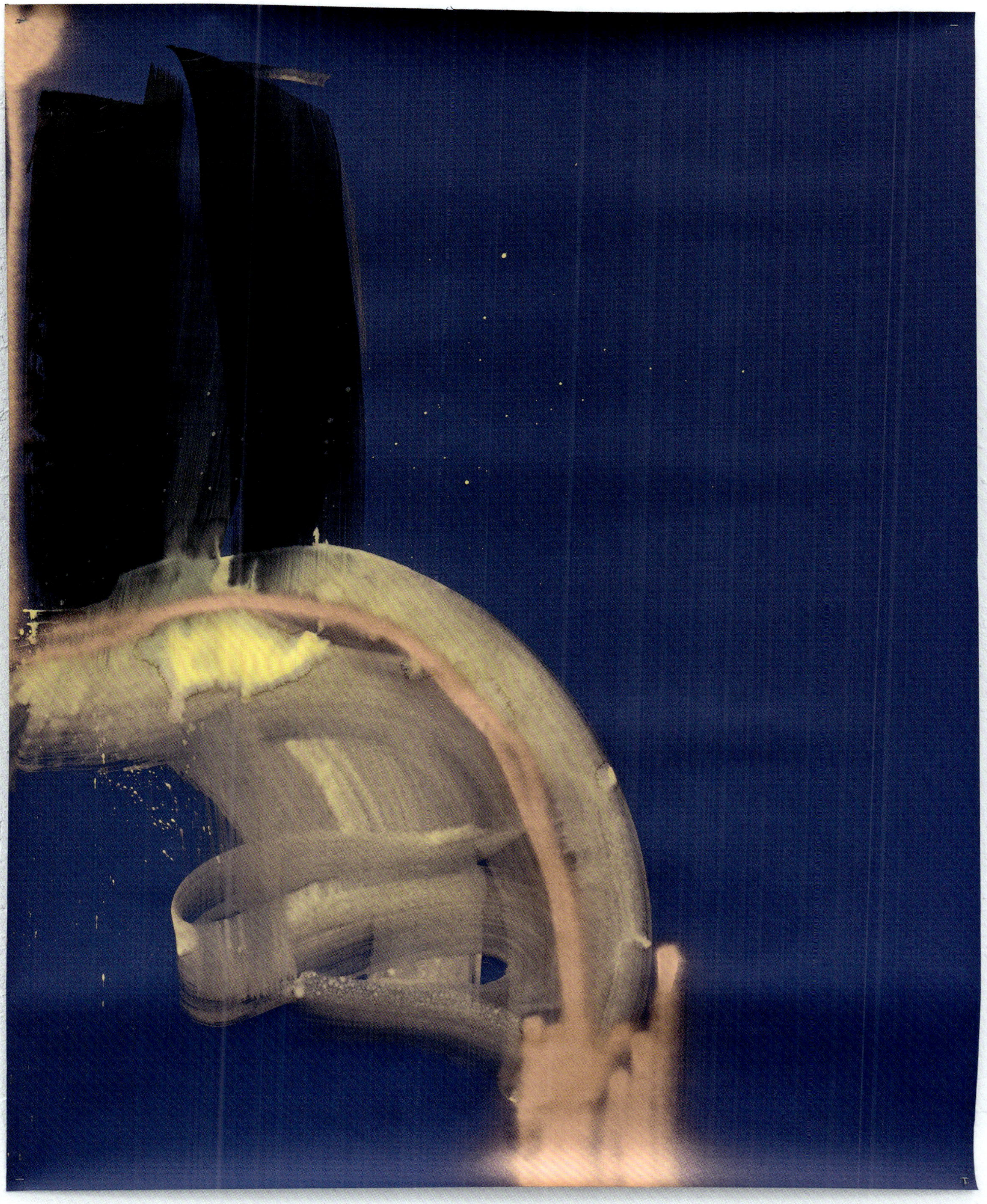

40 AUS DER SERIE ARiSE (ACID) 2020 SPRÜHLACK UND BEIZE AUF PAPIER, 137 x 127 CM

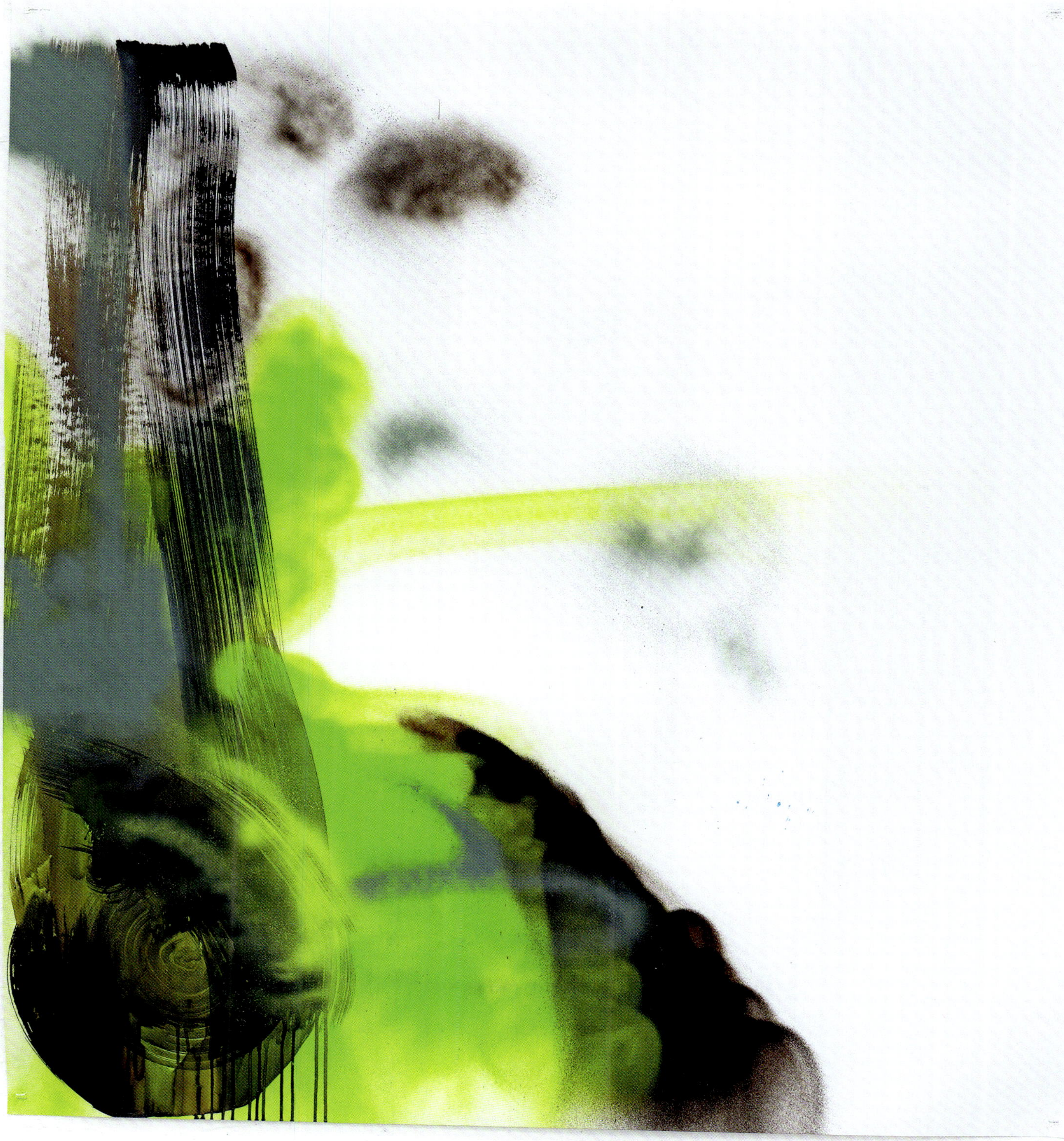

42 AUS DER SERIE ARiSE (DÄCHER) 2020 SPRÜHLACK UND BEIZE AUF PAPIER, 120 x 110 CM

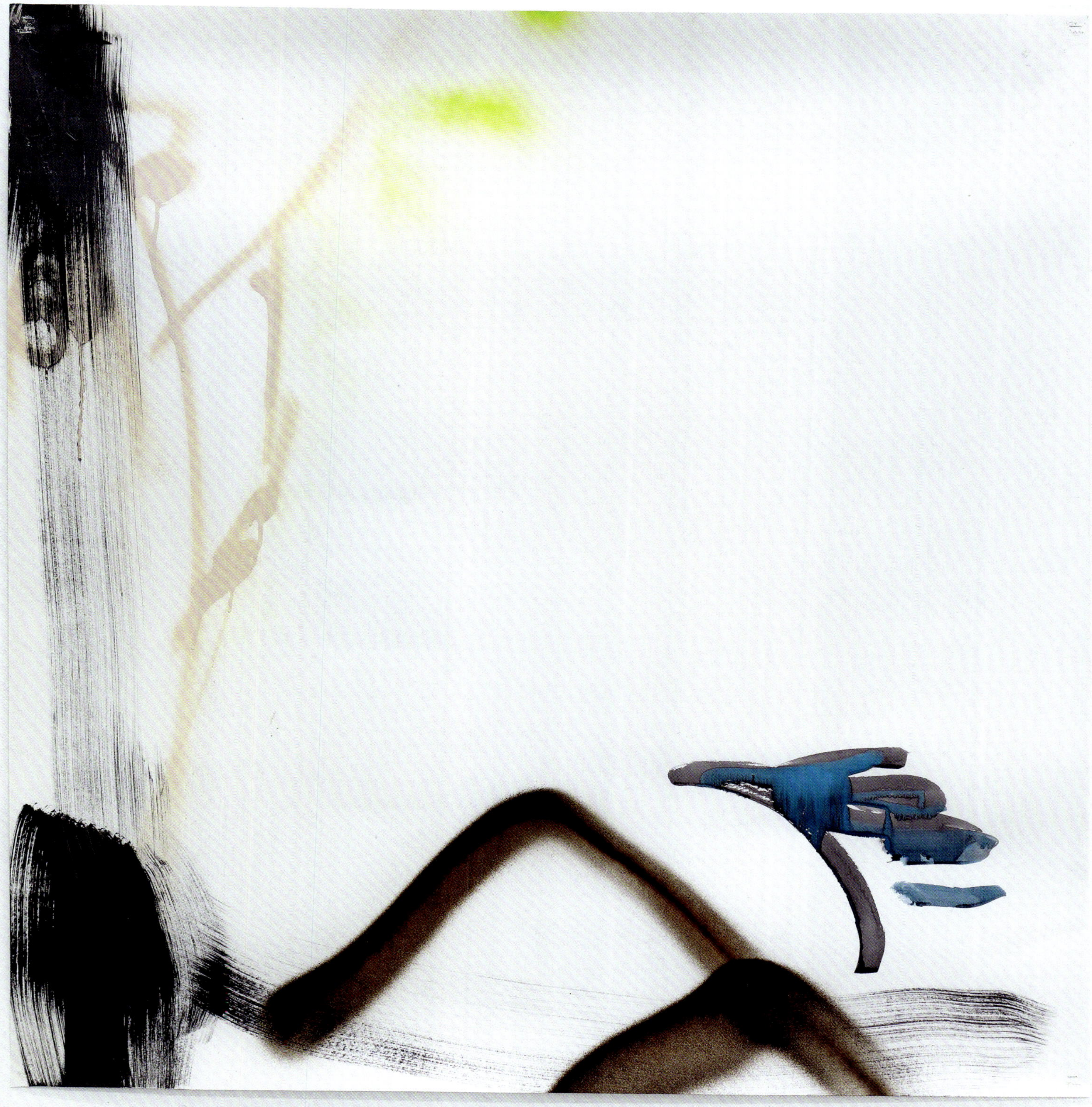

44 AUS DER SERIE ARiSE (GROSS) 2020 BEIZE UND LACK AUF PAPIER, 127 x 117 CM

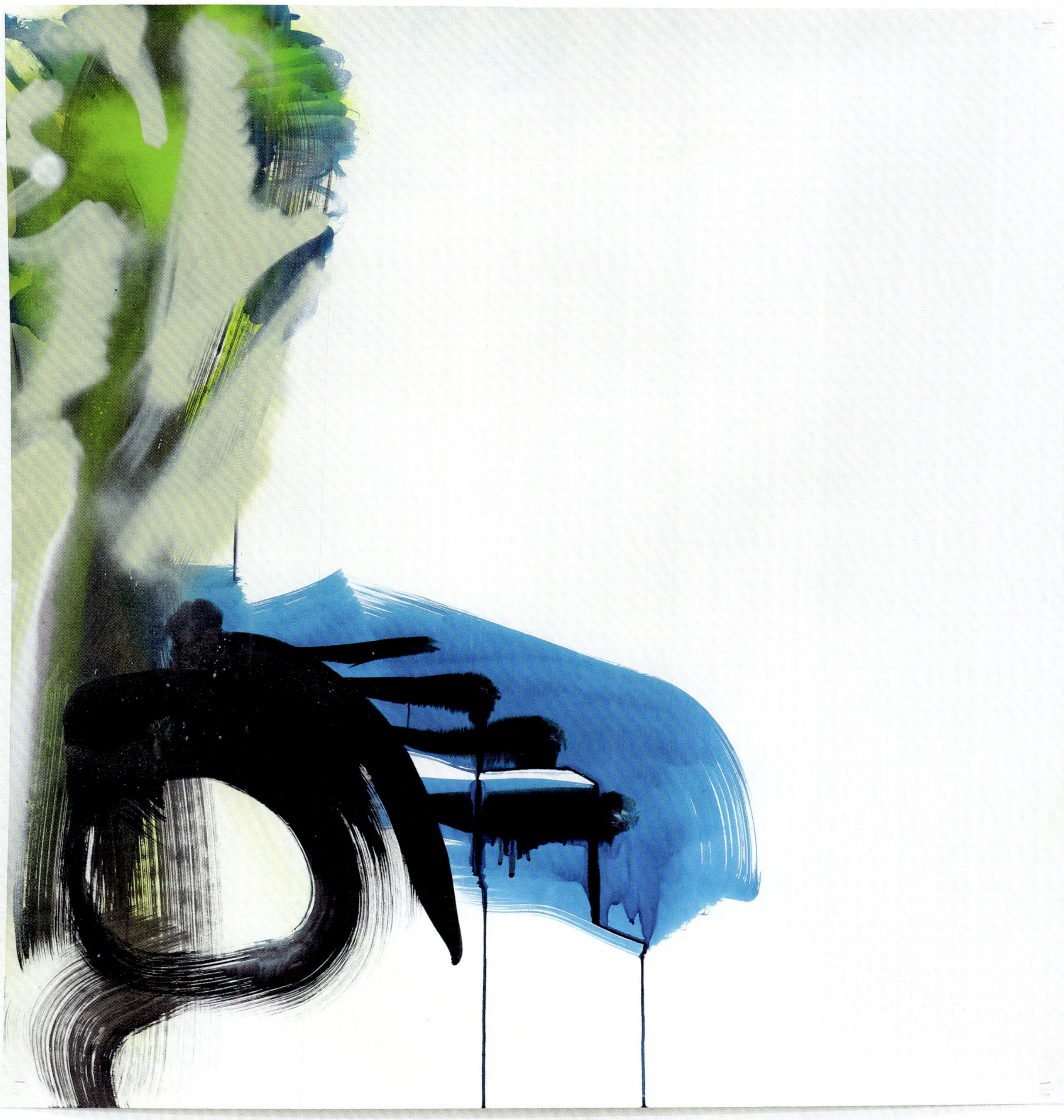

46 AUS DER SERIE ARiSE (LAMPiON) 2020 SPRÜHLACK UND BEIZE AUF PAPIER, 125 x 115 CM

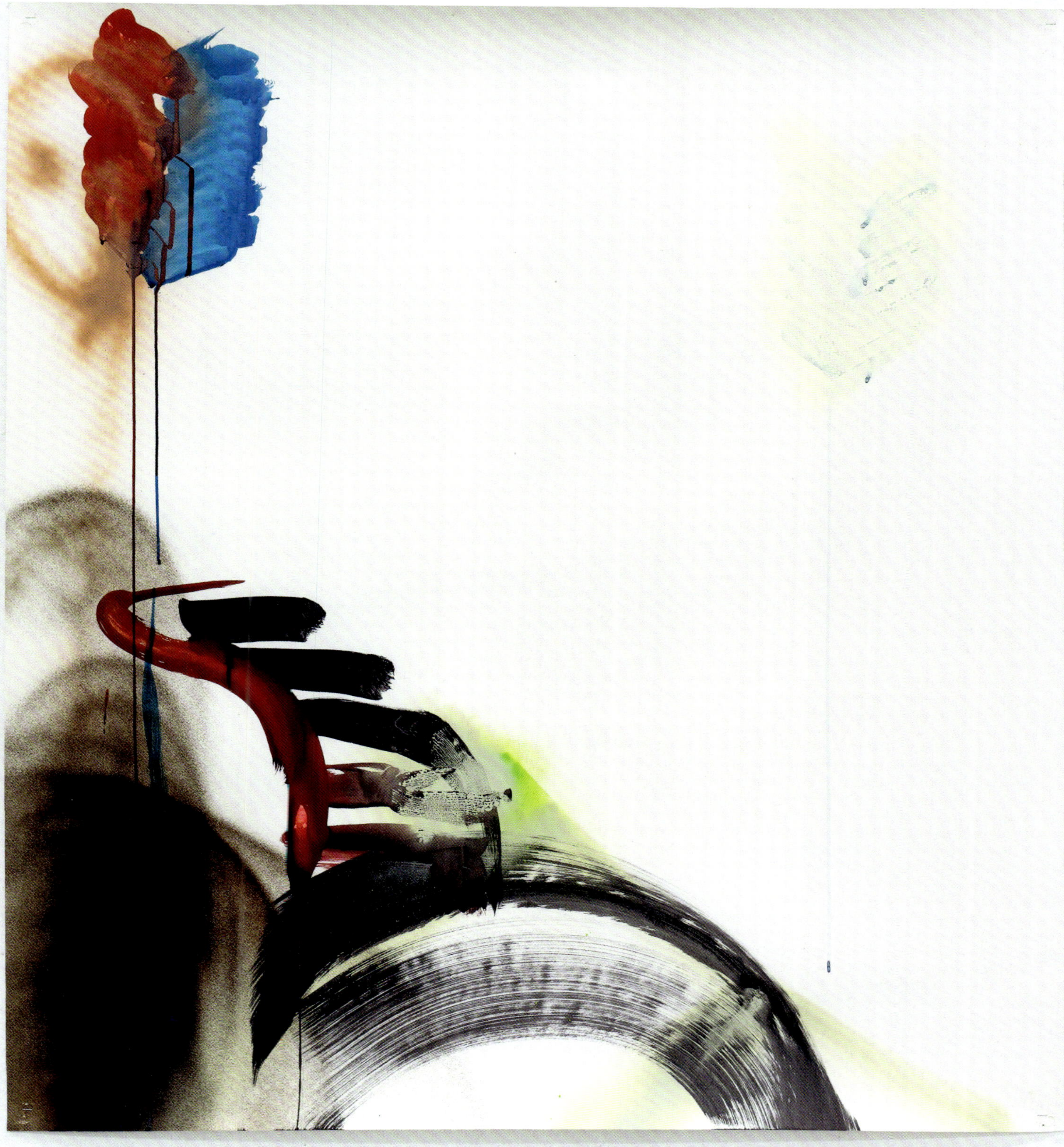

AUS DER SERIE ViVA

50 AUS DER SERIE ViVA (ALLES & IMMER) 2018 BEIZE, SPRÜHLACK AUF PAPIER, 143 x 134 CM

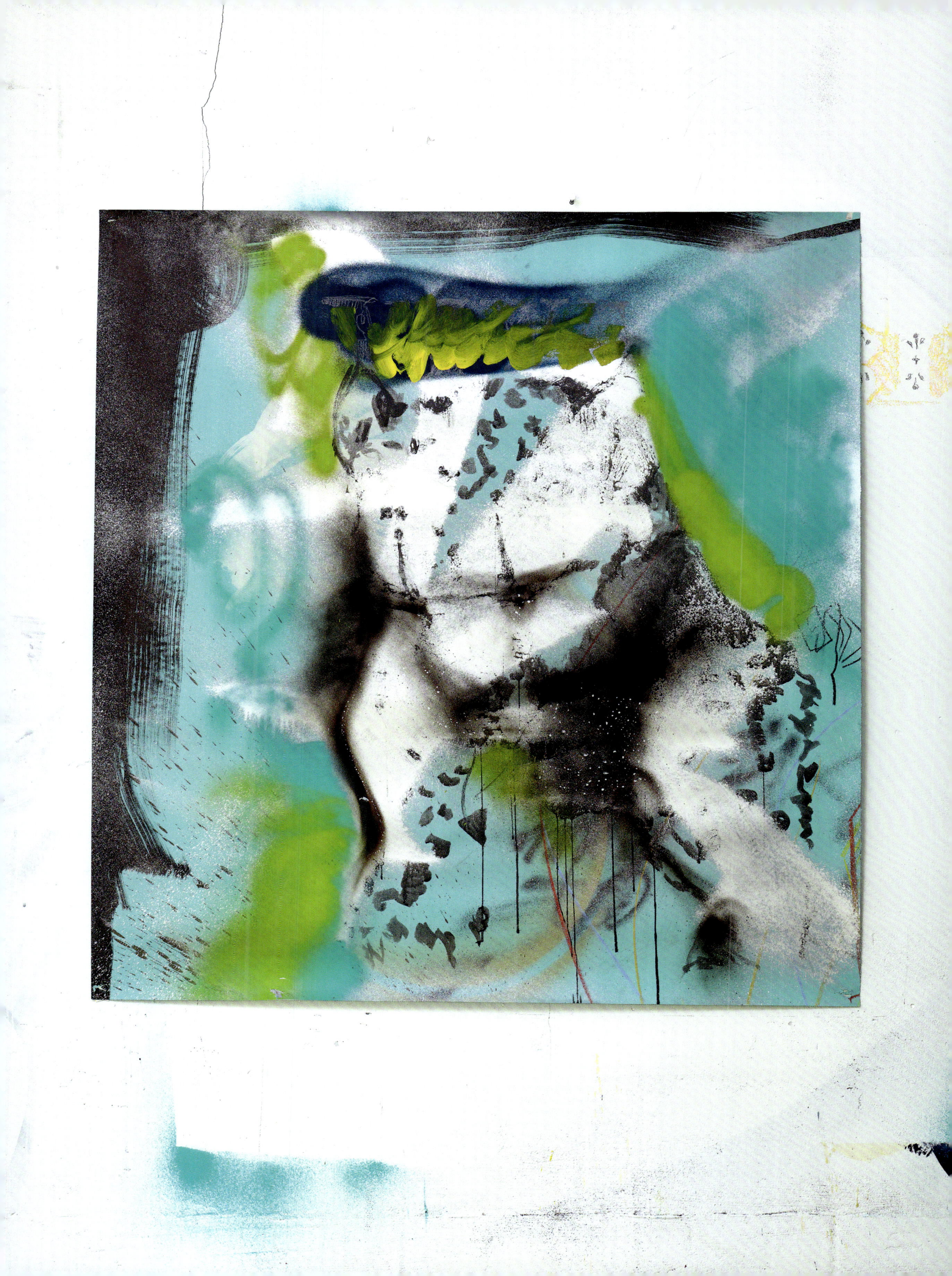

AUS DER SERIE ViVA
(AUGENBRAUEN)

2024

SPRÜHLACK UND BEIZE AUF PAPIER, 148 x 135 CM

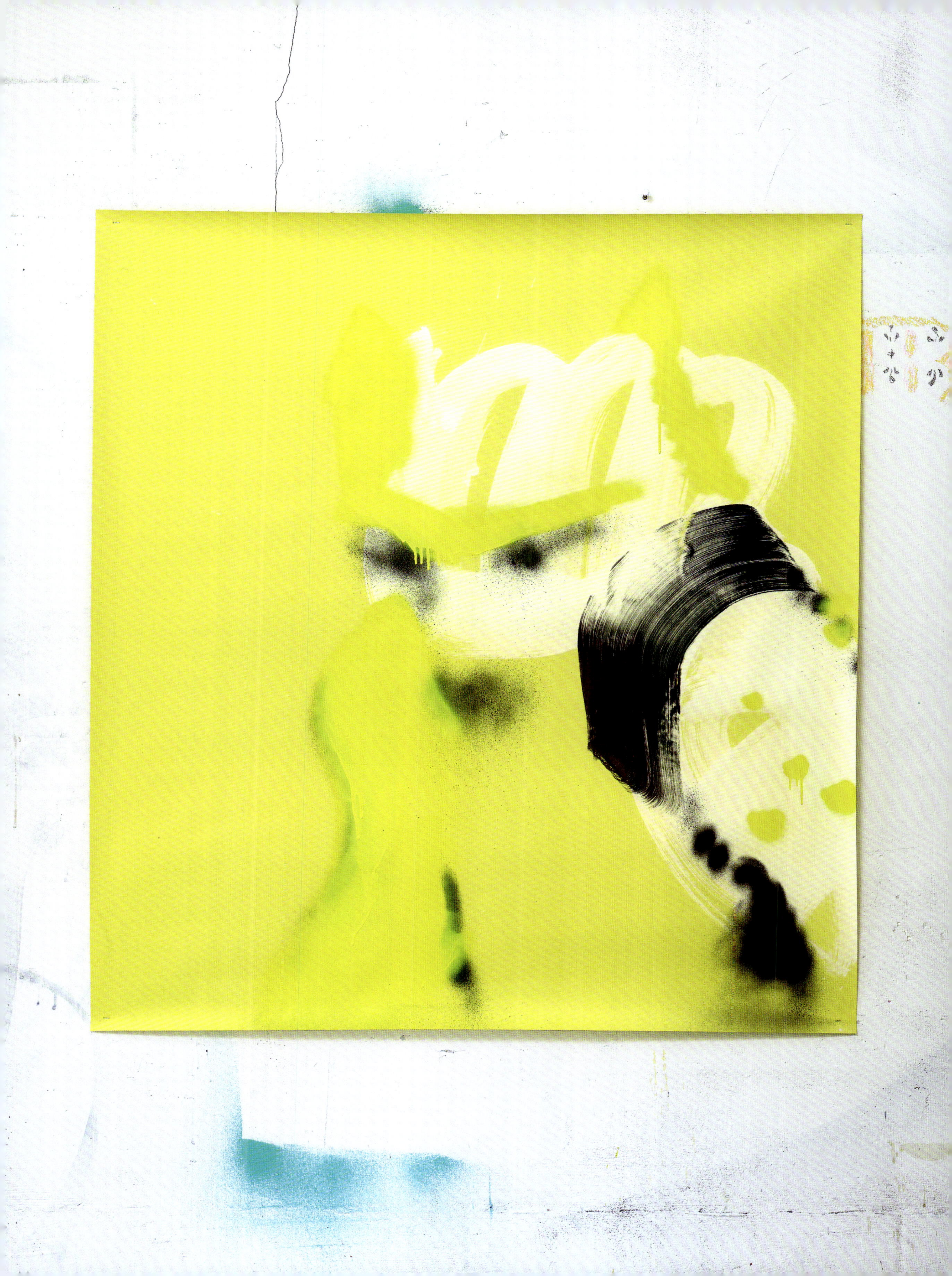

54 AUS DER SERIE ViVA (MASKE) 2024 BLEICHE, BEIZE, SPRÜHLACK AUF PAPIER, 147 x 137 CM

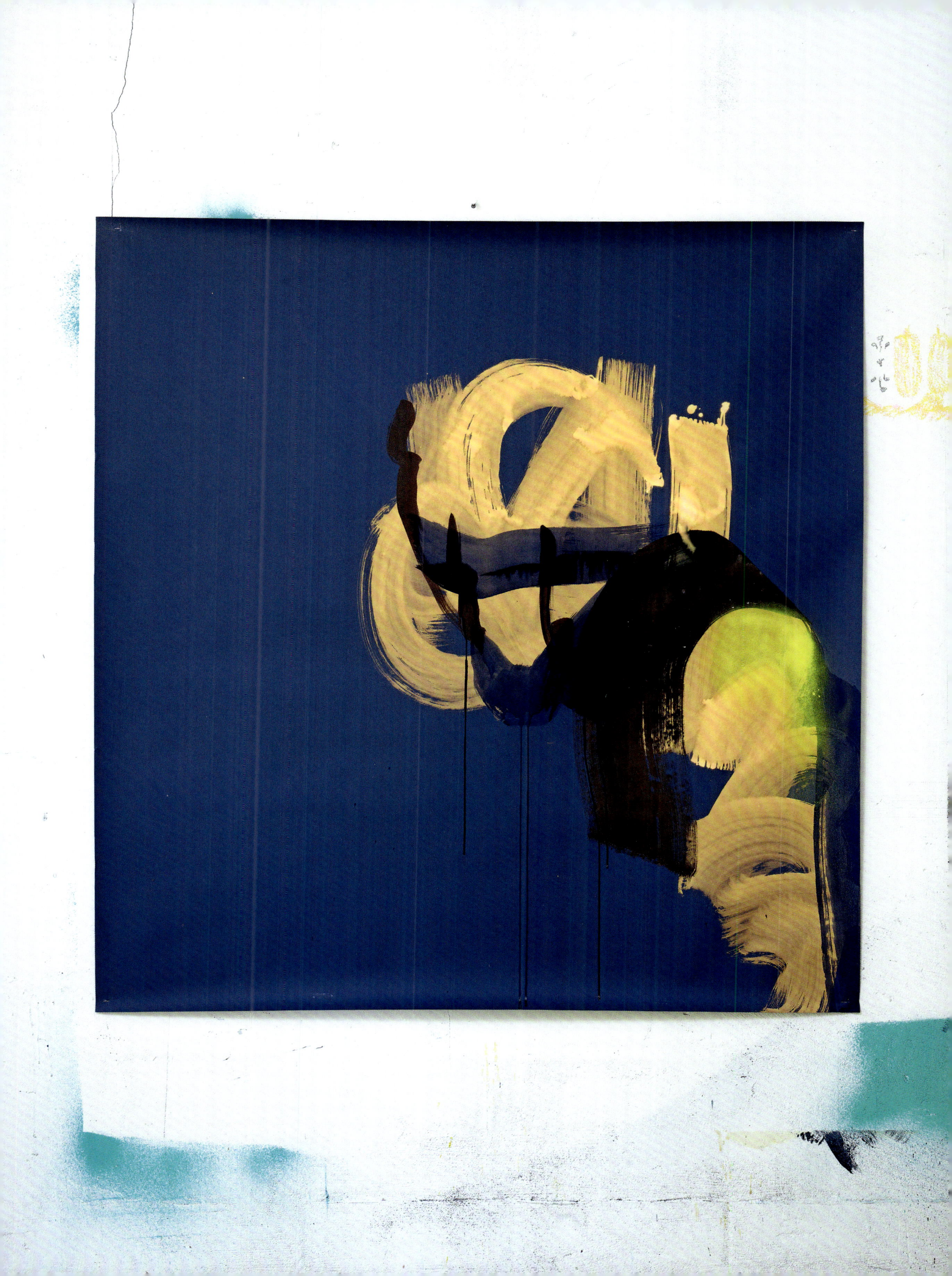

56 AUS DER SERIE ViVA (SCHAL) 2024 ACRYL, BEIZE UND SPRÜHLACK AUF PAPIER, 159 x 156 CM

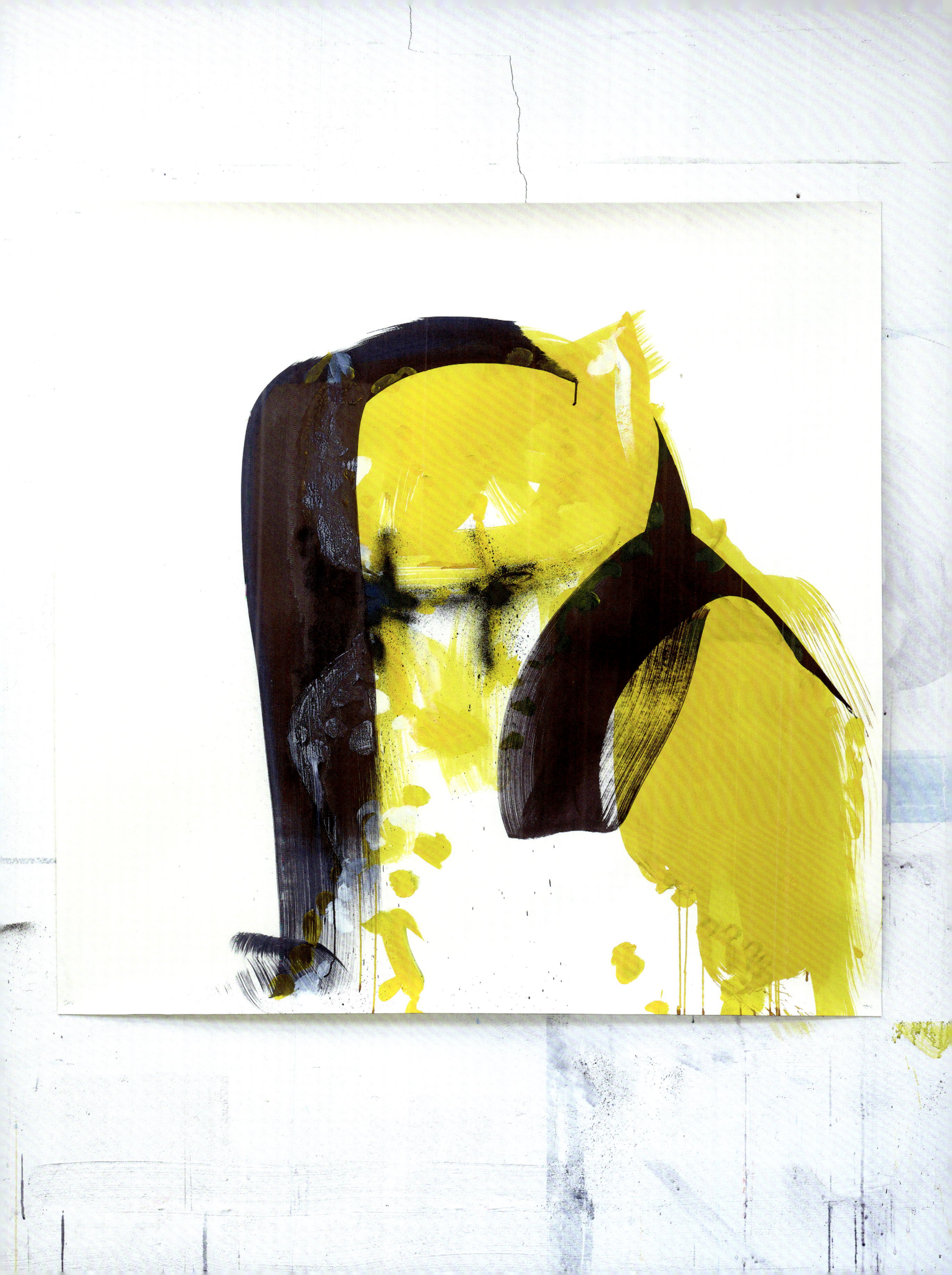

58 AUS DER SERIE ViVA (EULE) 2024 BLEICHE, BEIZE UND SPRÜHLACK AUF PAPIER, 140 x 135 CM

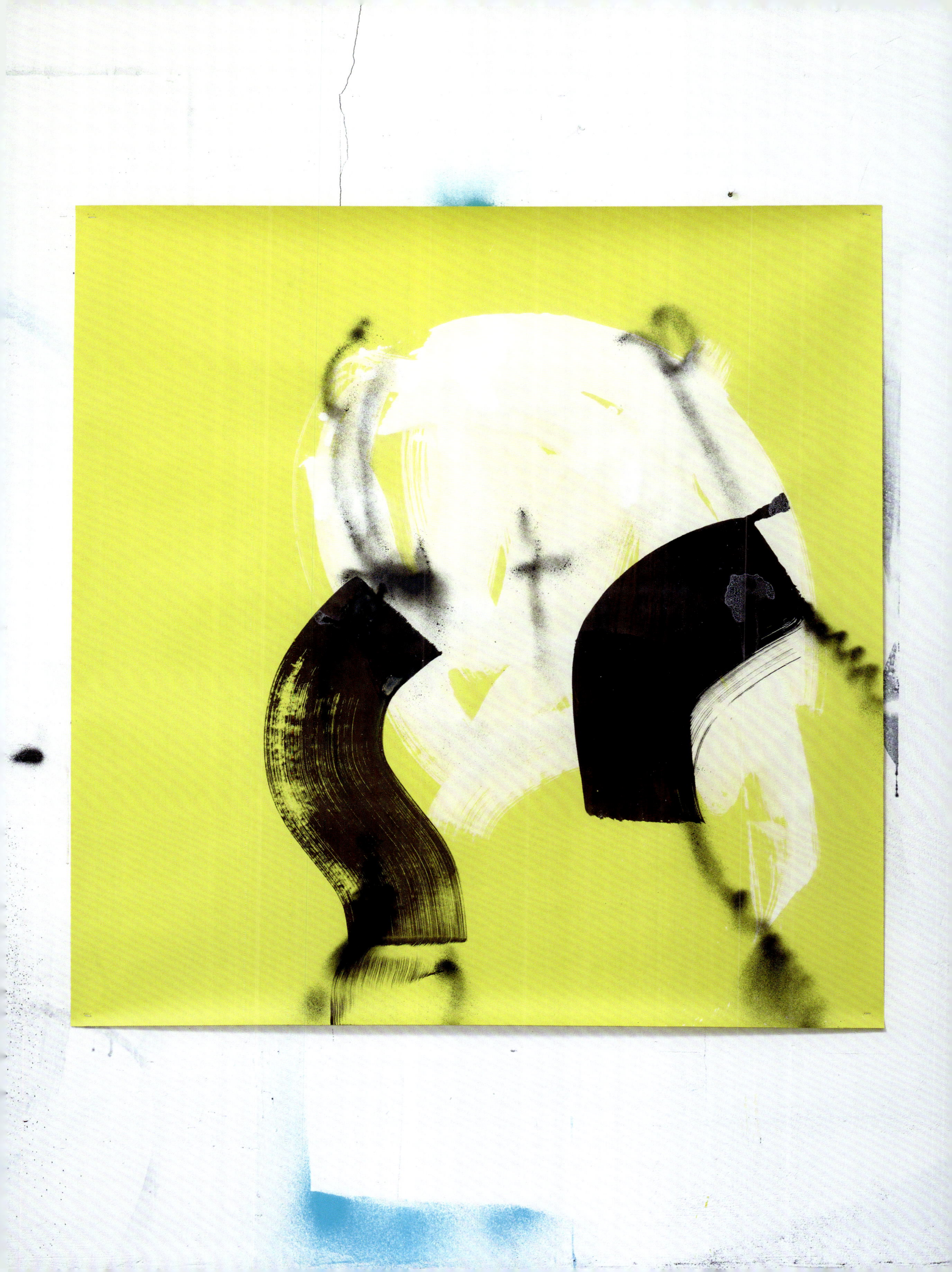

ERZÄHL DER ZEiT

62 UNENDLICH, AUFRECHT 2022 BEIZE UND PASTELLKREIDE AUF STOFF (PICALDI), 195 x 158 CM

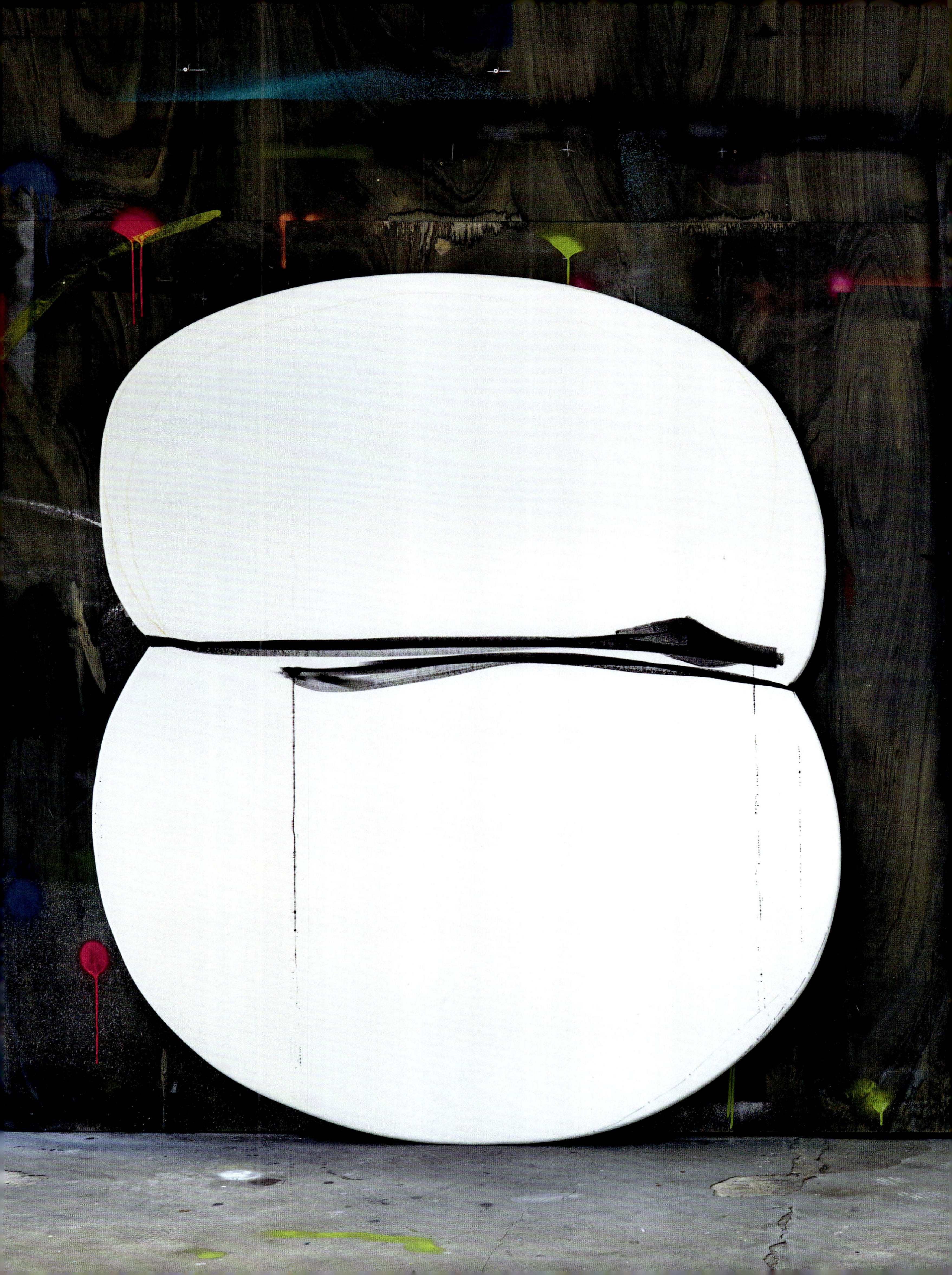

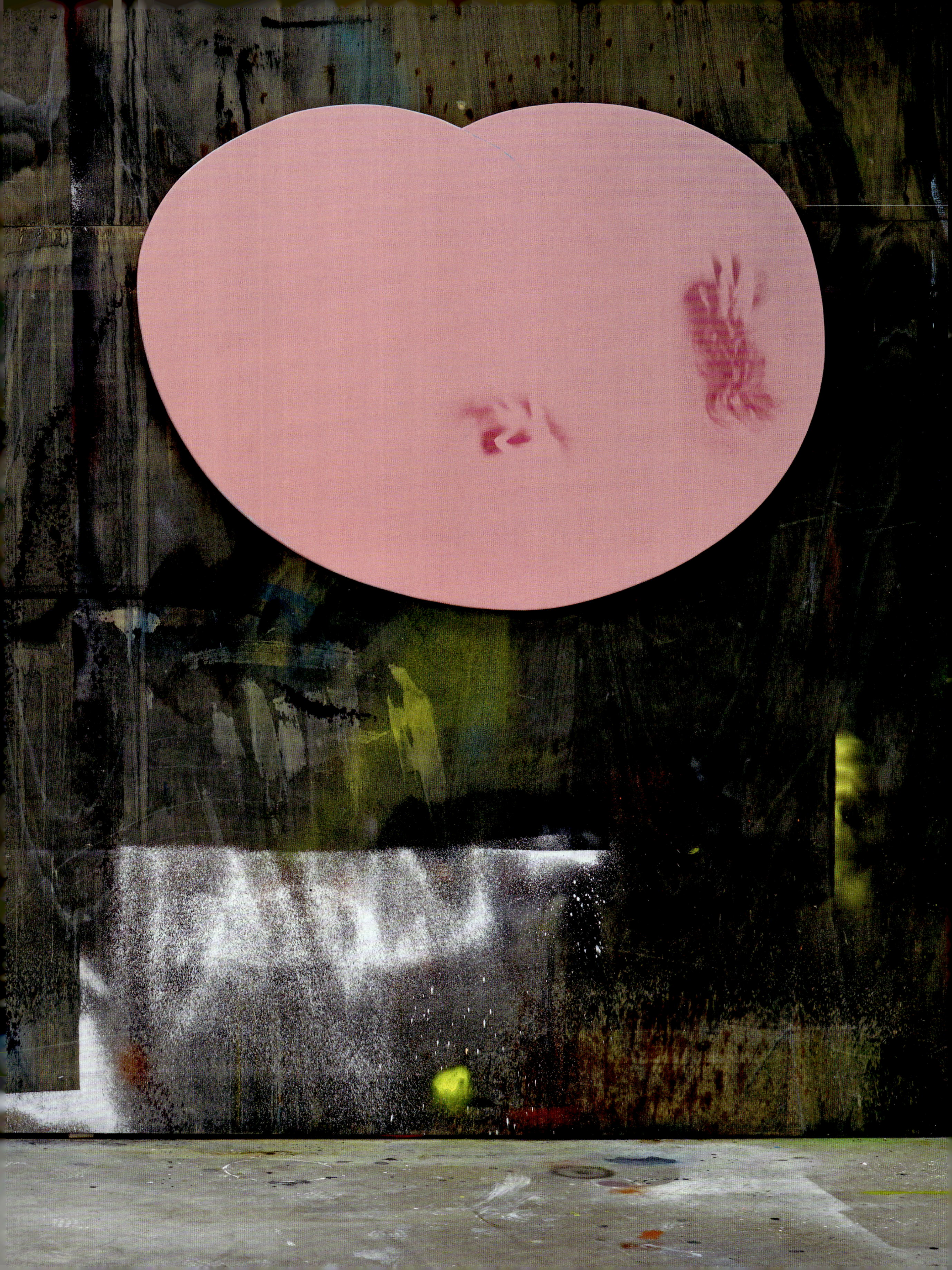

65 MUSKEL 2024 SPRÜHLACK UND PASTELLKREIDE AUF STOFF (PICALDI), 120 x 150 CM

66 VERSUCH ÜBER 2022 BLEICHE UND SPRÜHLACK UND PASTELLKREIDE AUF STOFF (PICALDI), 216 x 150 CM

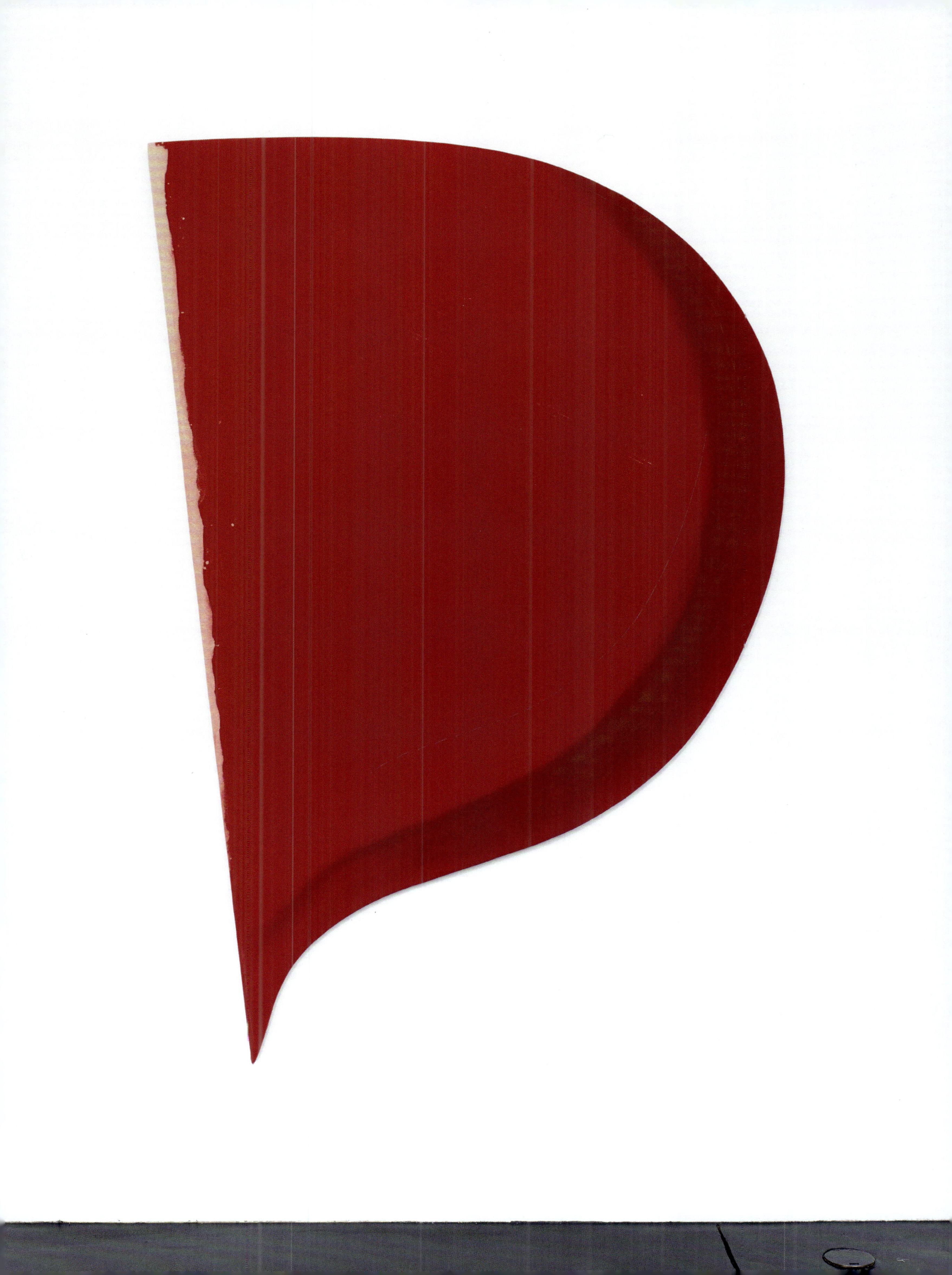

68 DEN VERSUCH 2022 BLEICHE UND SPRÜHLACK AUF STOFF (PICALDI), 224 x 168 CM

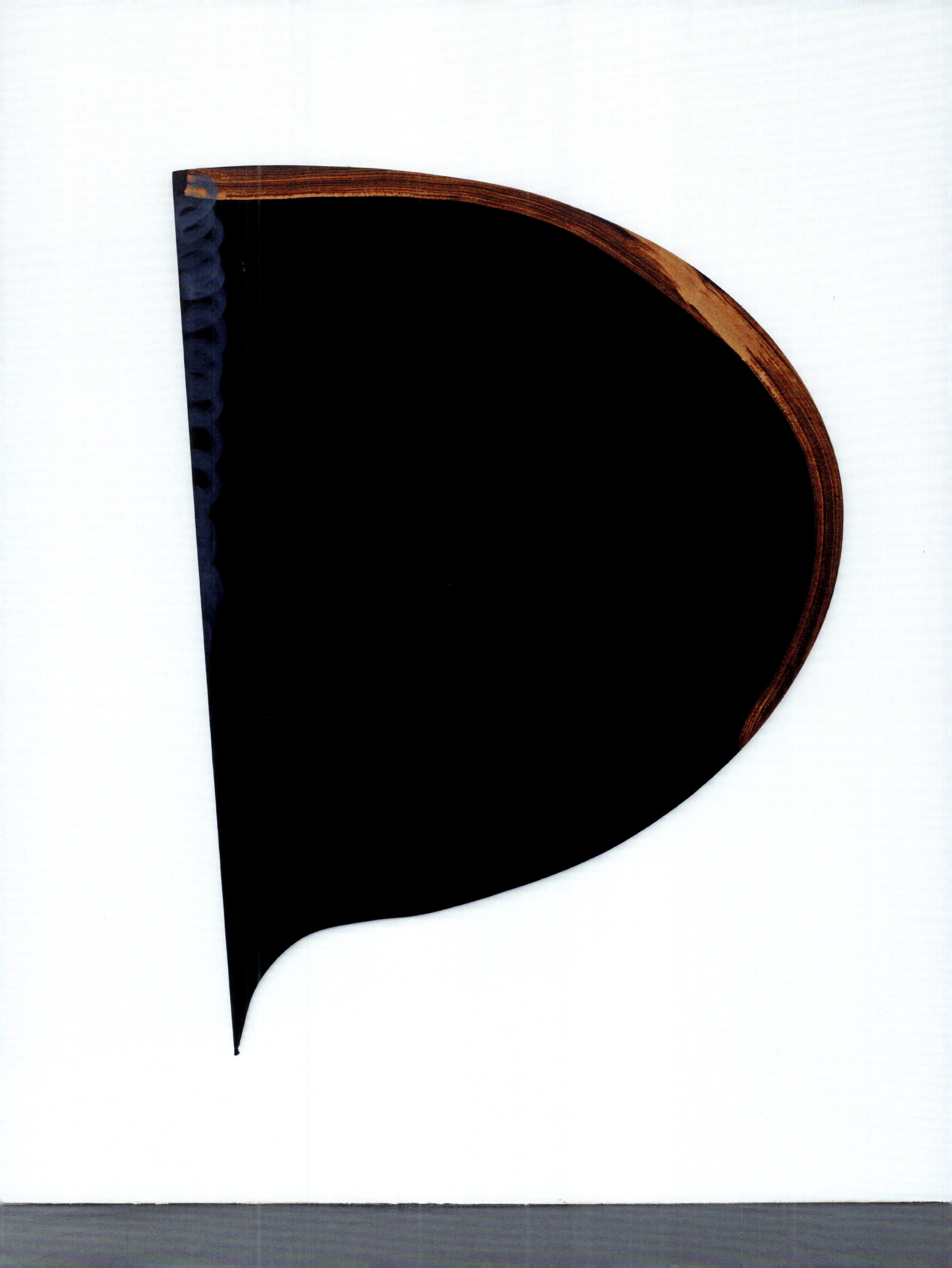

70 WIR NENNEN EIN BILD NACH DIR 2022
BLEICHE UND SPRÜHLACK AUF STOFF
(PICALDI), 180 x 250 CM

72 ERZÄHL DER ZEiT 2022 METALL, 280 x 174 x 140 CM

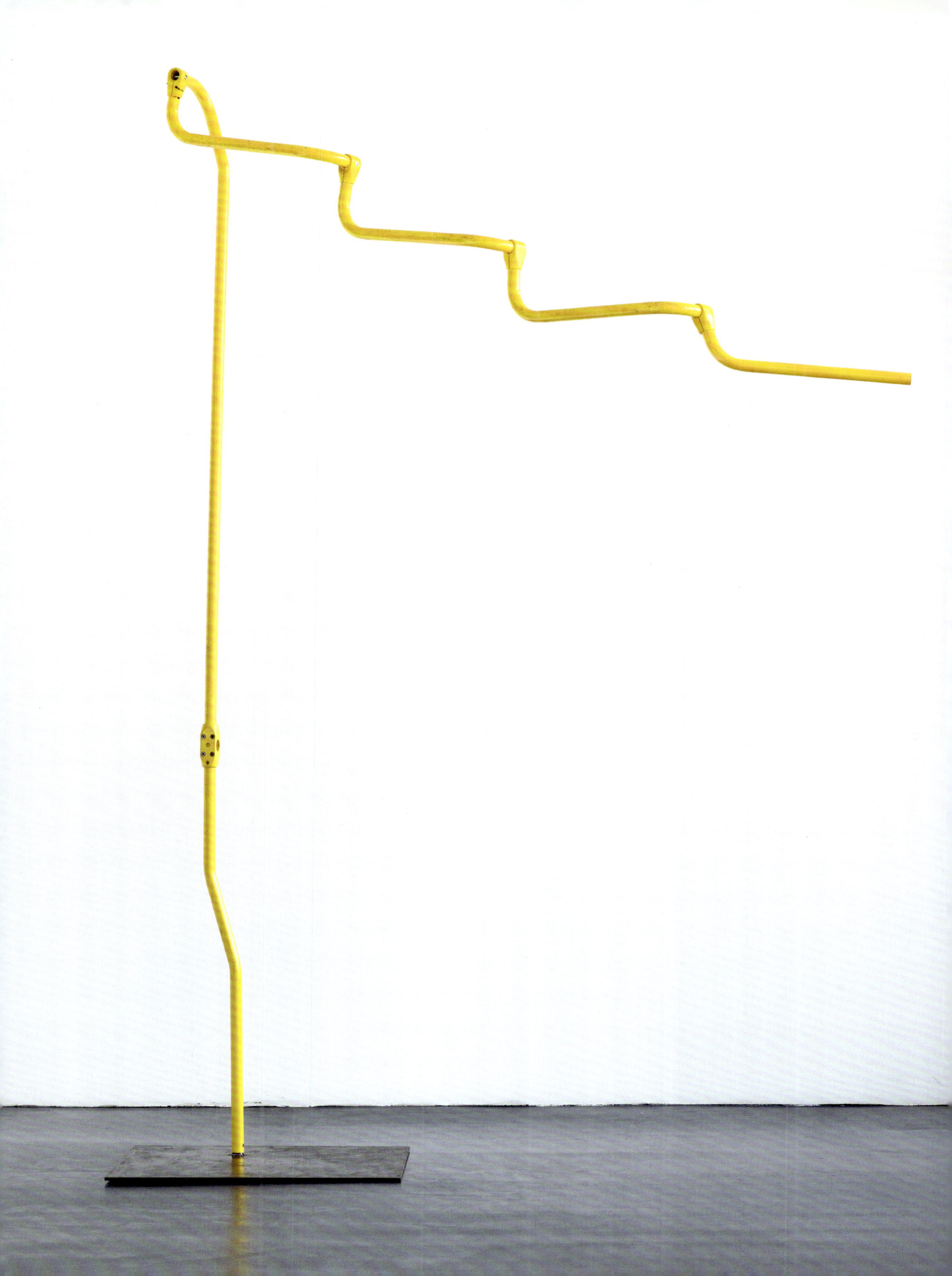

74 HAND (NACH BVG) 2022 METALL, PLASTIK, 220 x 62 x 95 CM

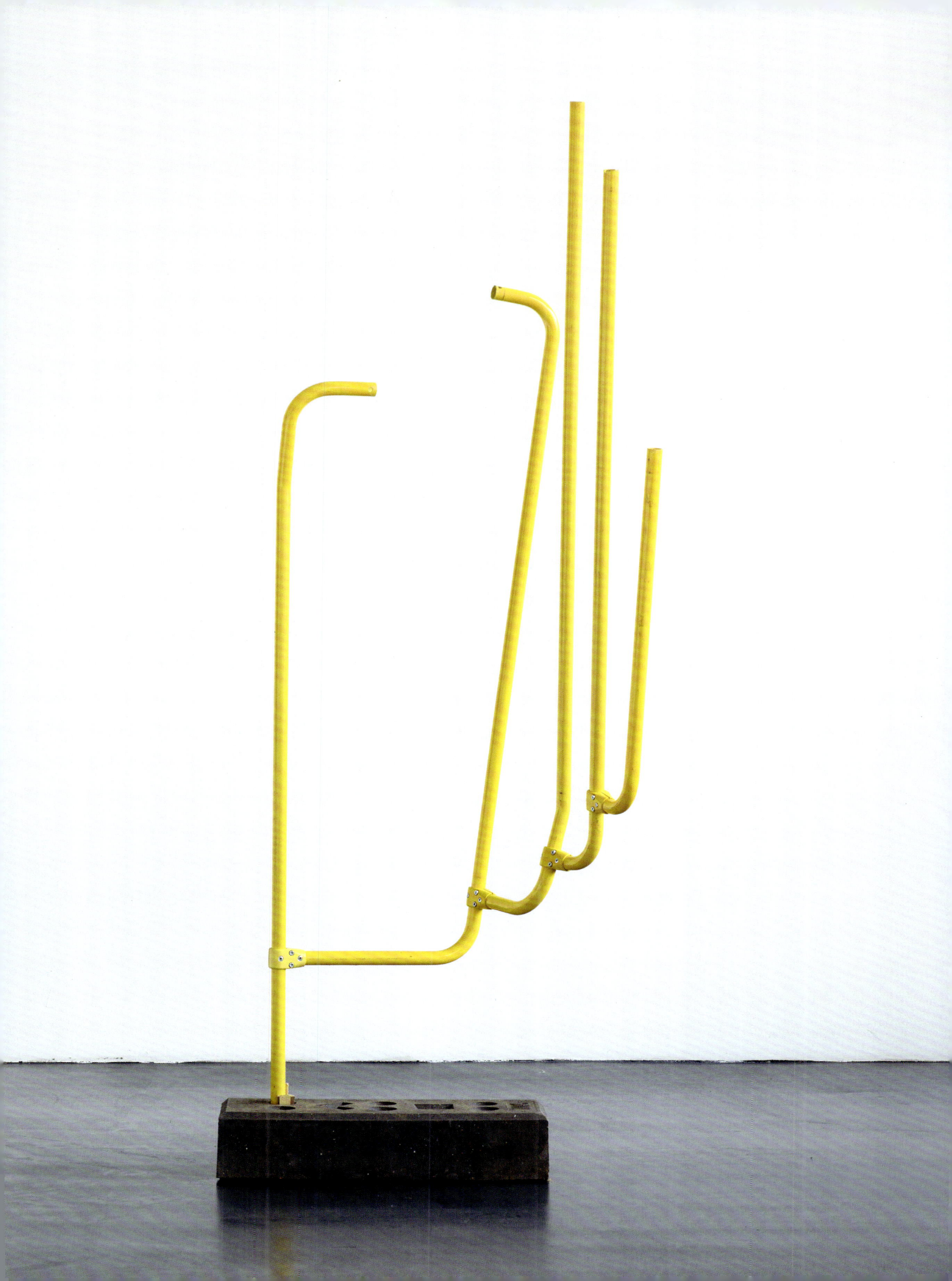

76 DEINE 20 2022 BEIZE UND BLEICHE AUF STOFF (PICALDI), 168 x 148 CM

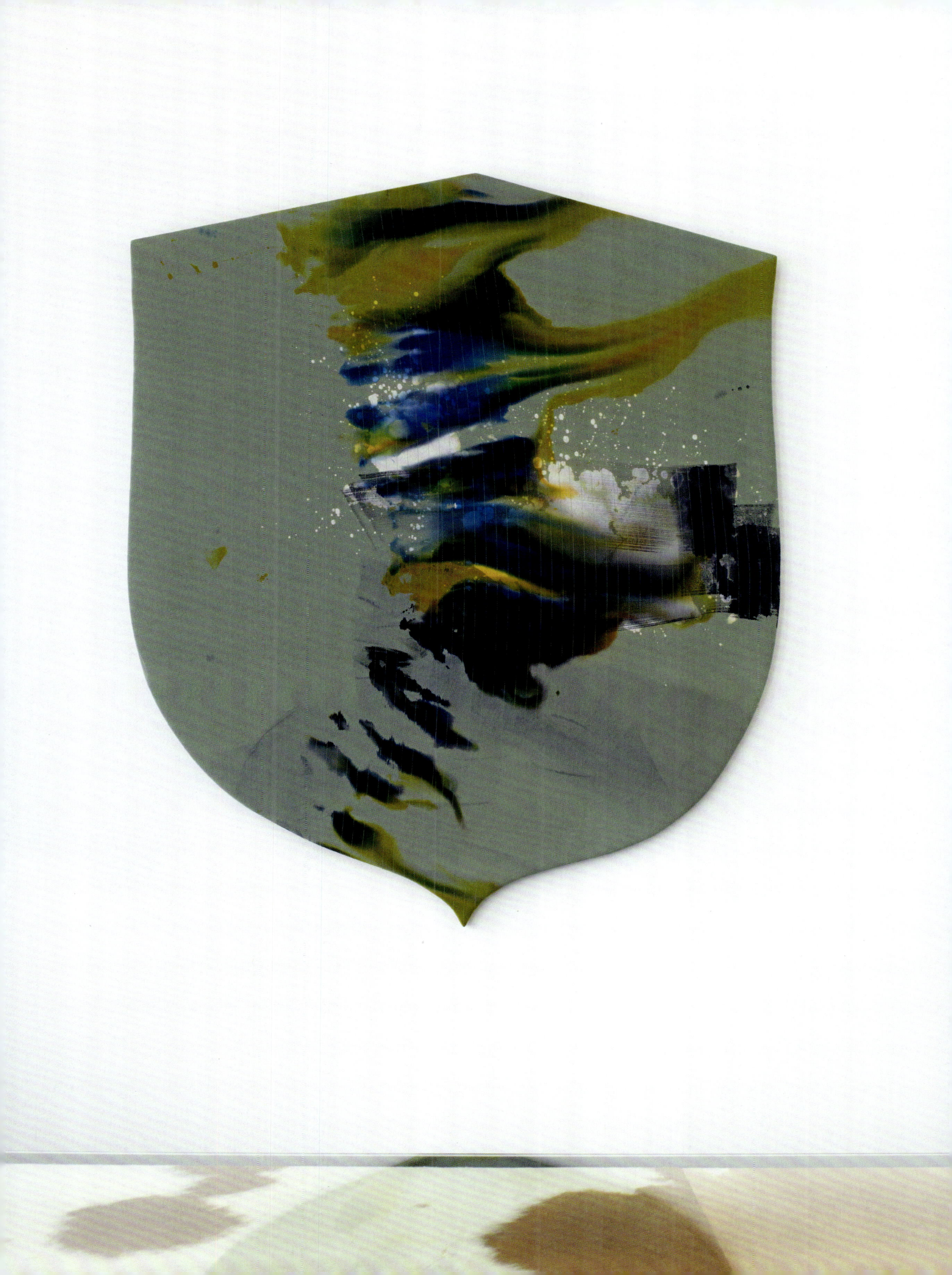

TULPEN UND NARZISSEN 2022
SPRÜHLACK AUF STOFF (PICALDI), 147 x 208 CM

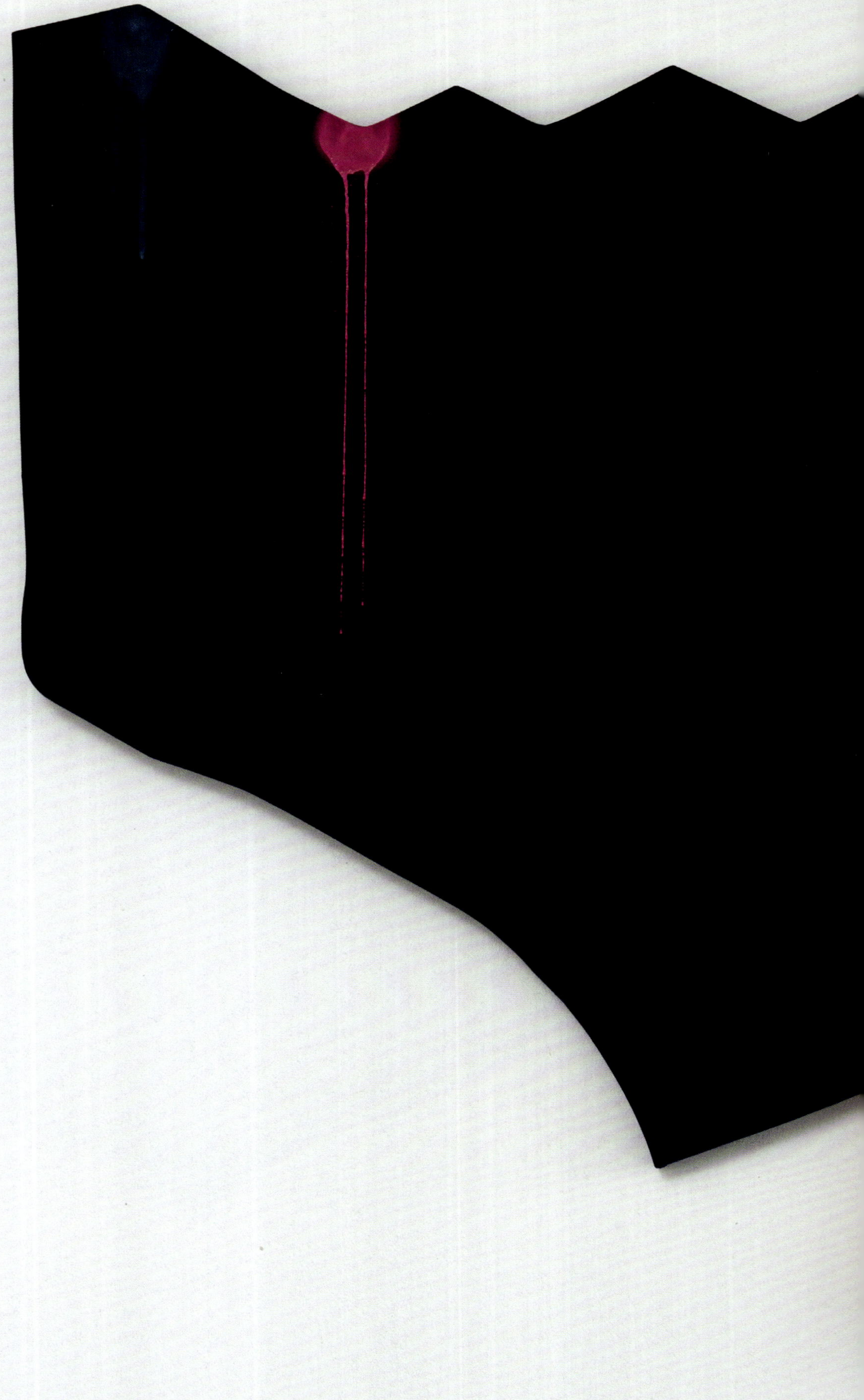

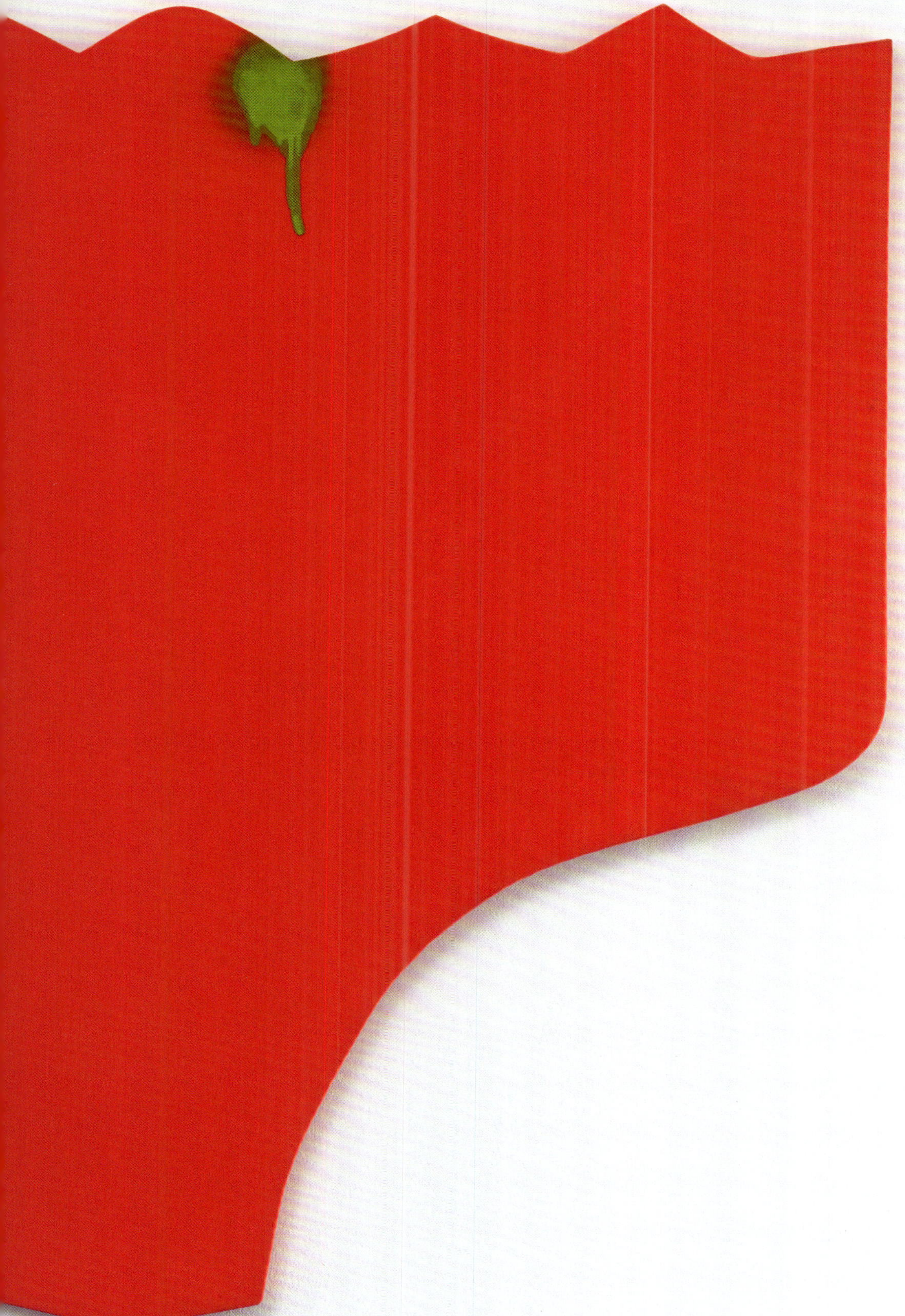

80 UNKÄMMT 2024 ACRYL, BEIZE UND SPRÜHLACK AUF STOFF (PICALDI), 212 x 125 CM

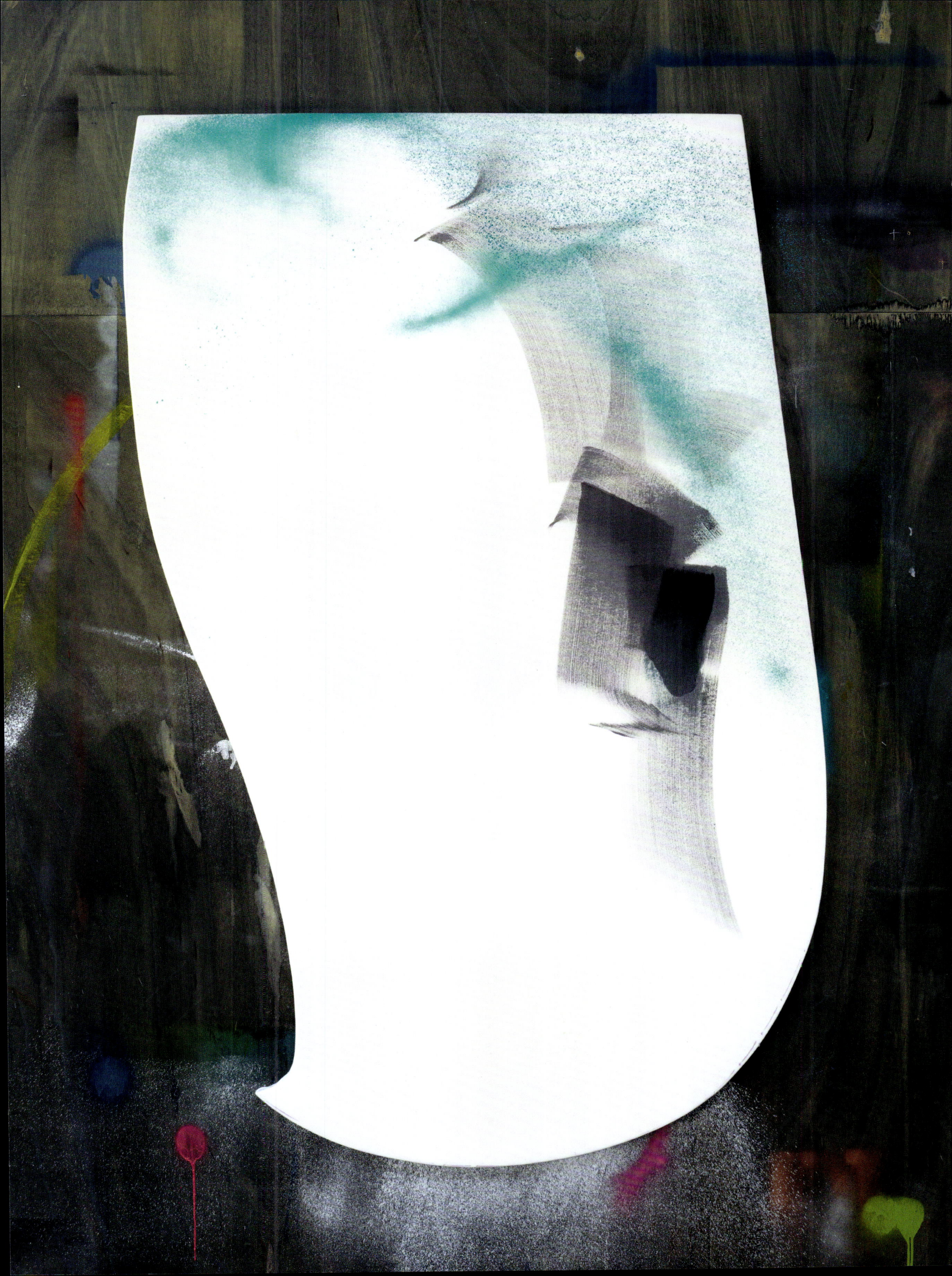

 LAMPION 2024 BETON, 35 x 14 x 14 CM

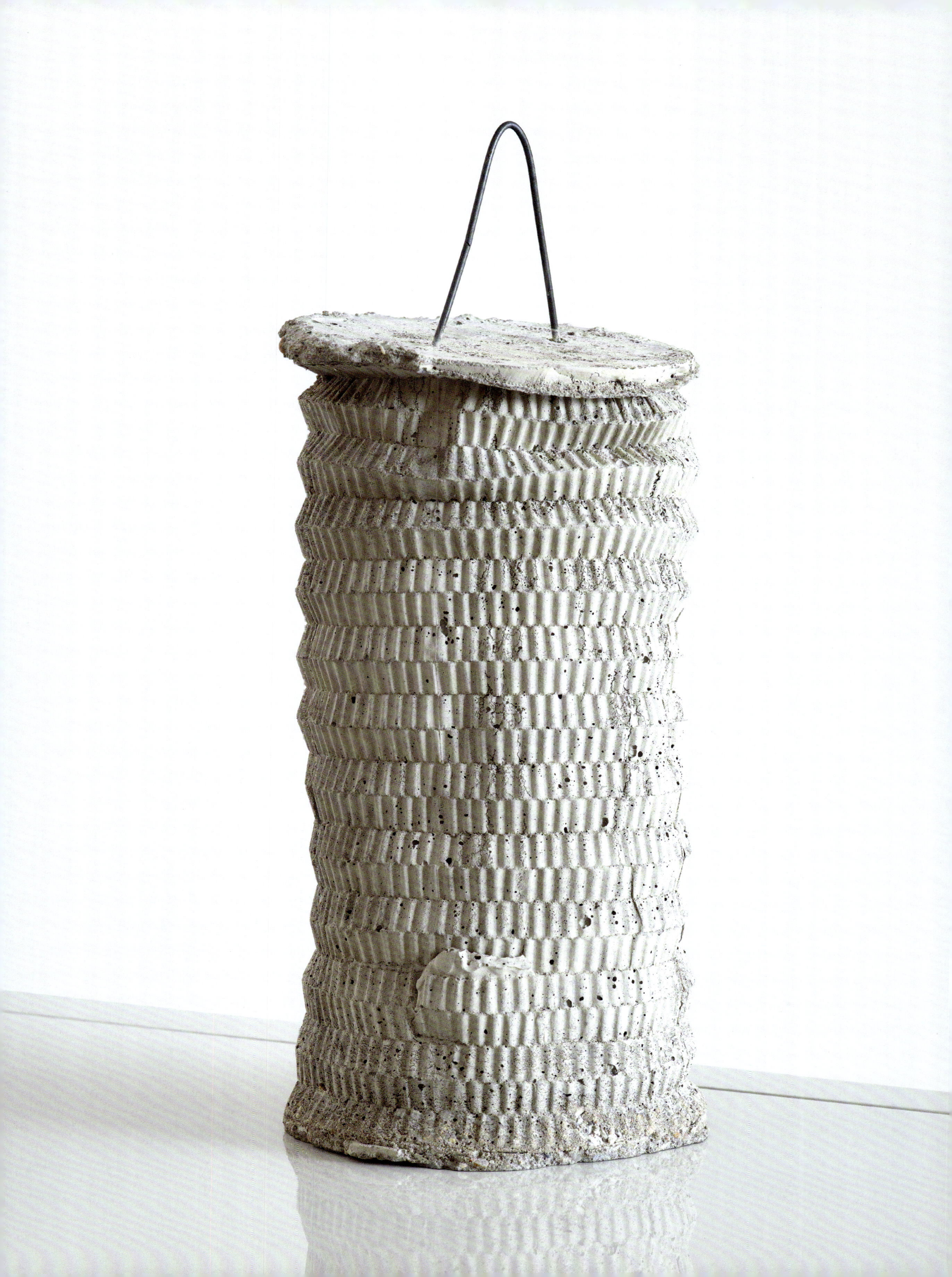

SCHATTEN VON WiND

86 FAHNE (DUNKEL) 2024 SPRÜHLACK AUF SEIDE, 320 x 245 CM

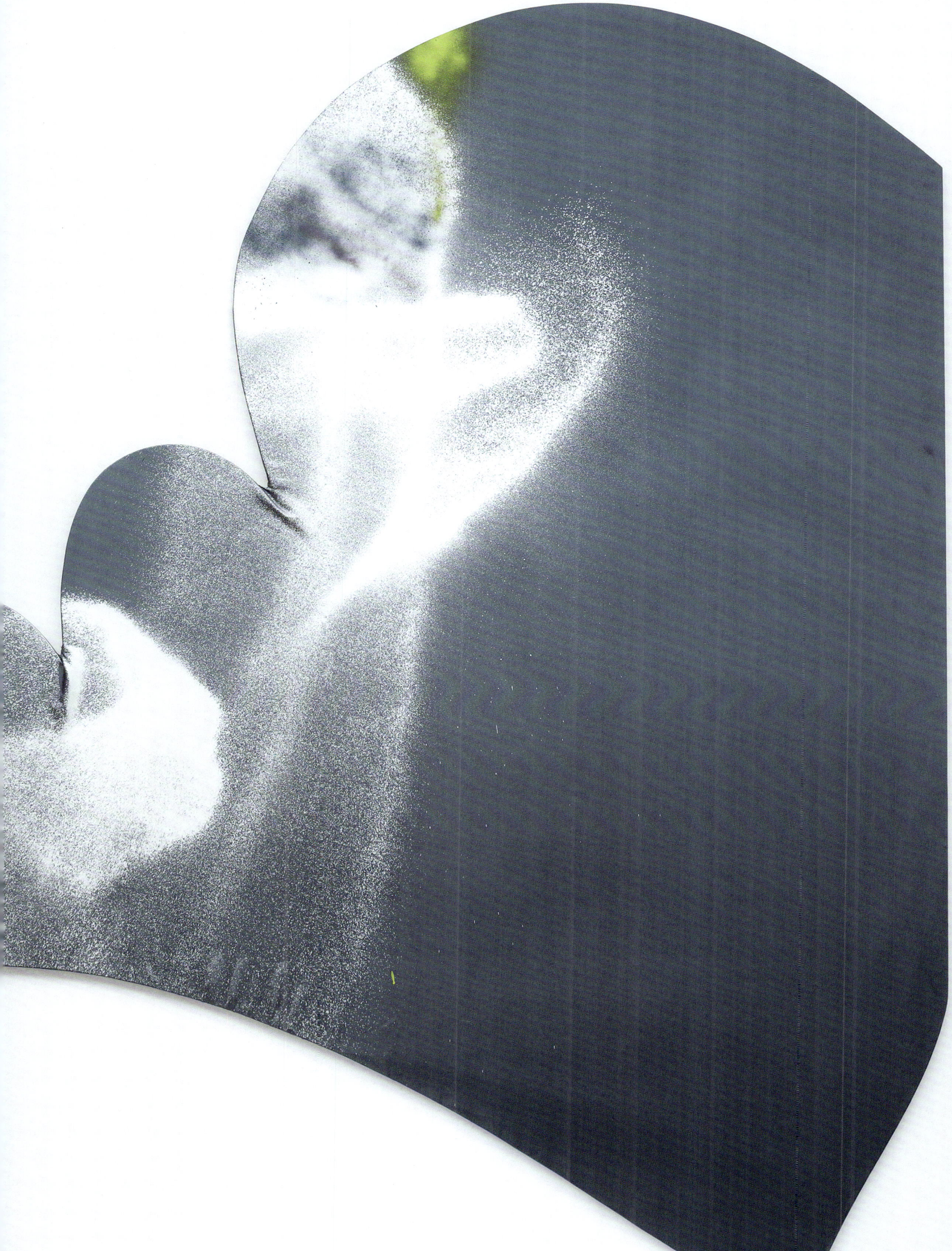

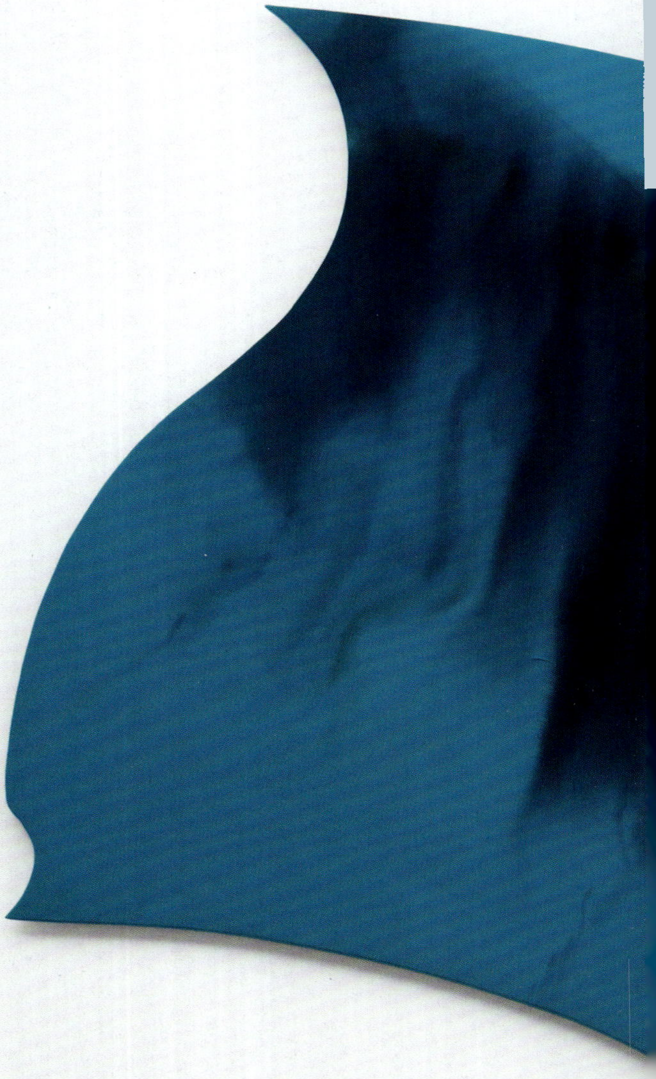

88 FAHNE (TÜRKIS, DUNKEL) 2024 BEIZE AUF STOFF, 245 x 405 CM

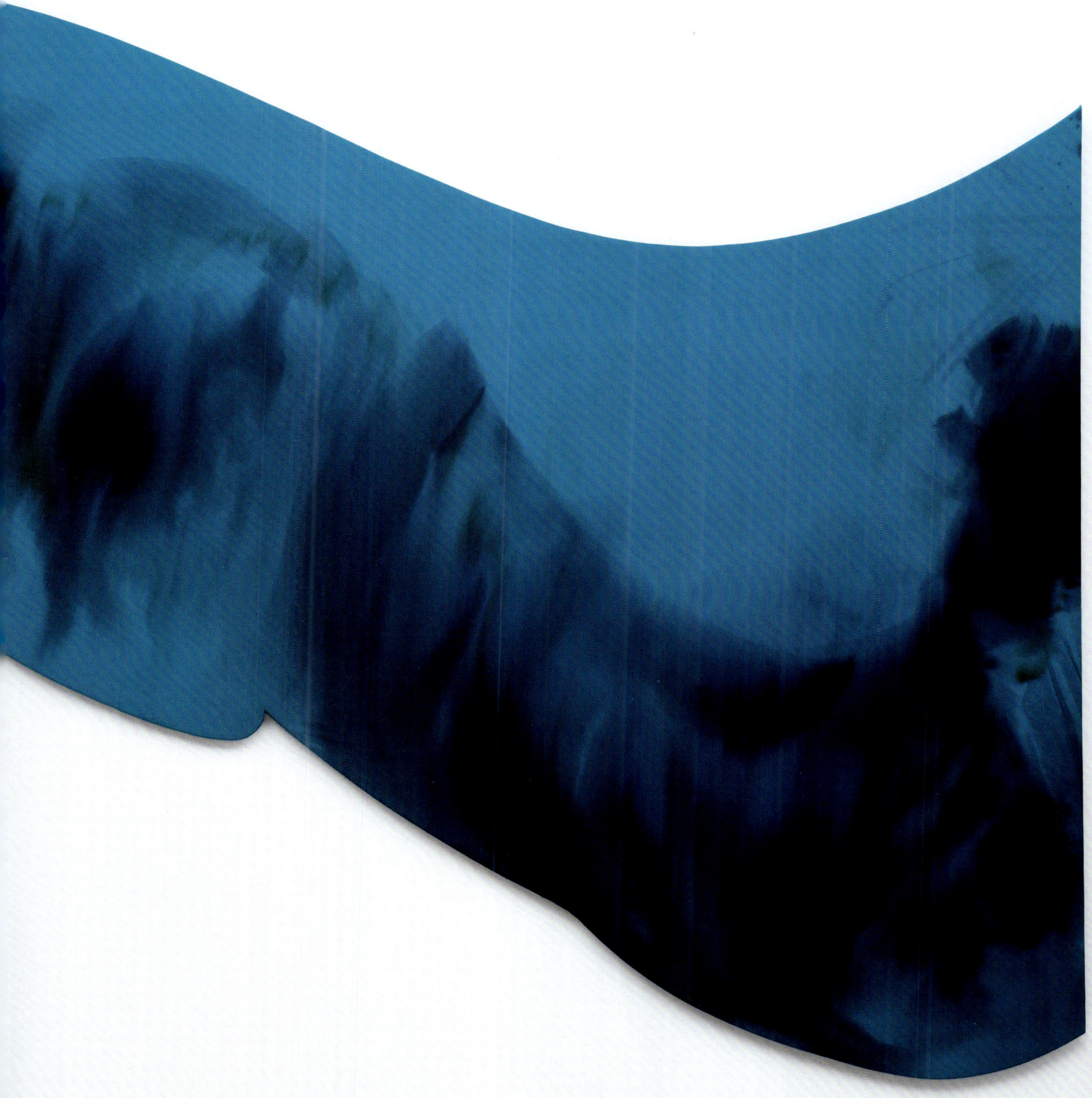

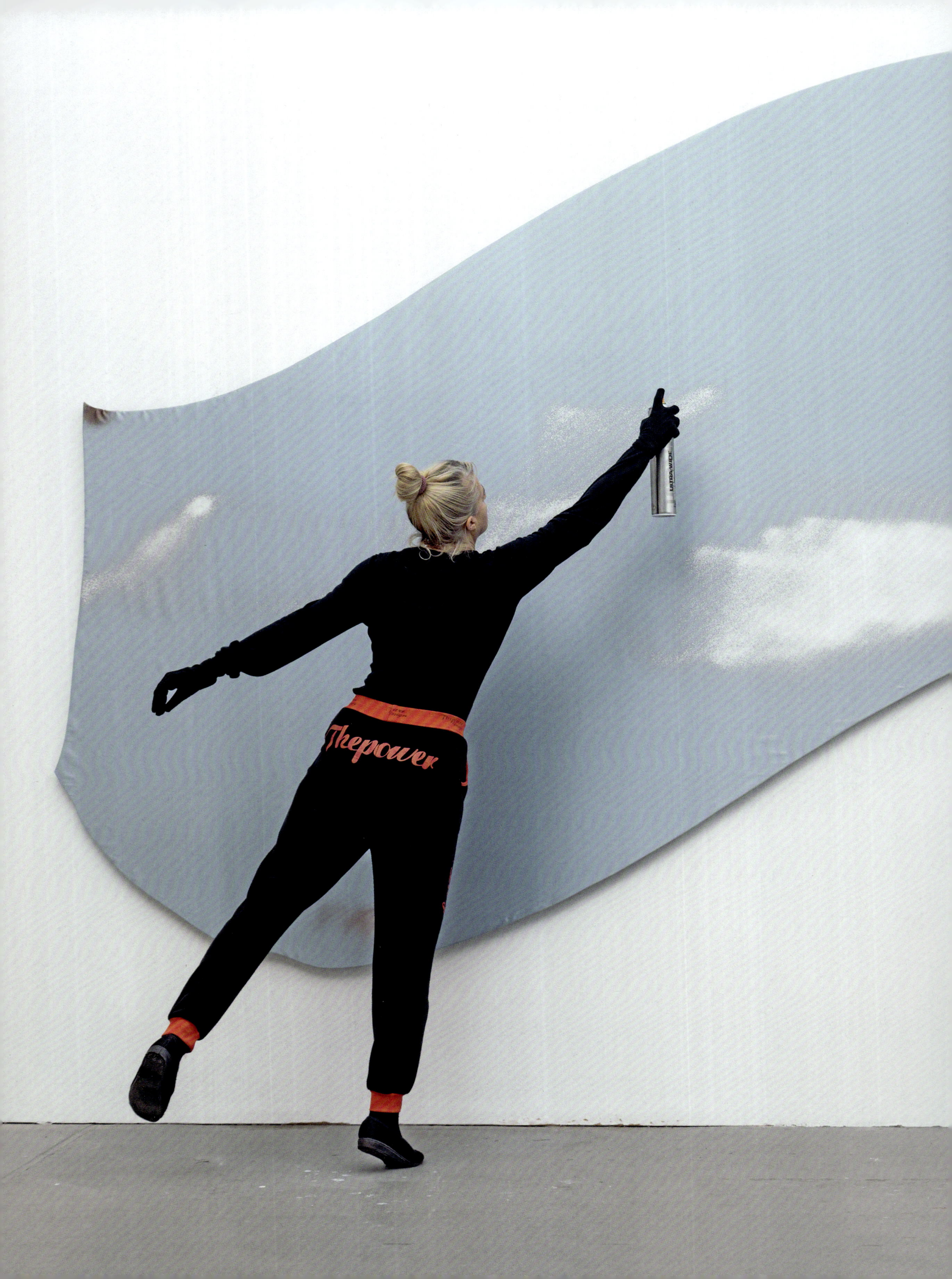
Thepower

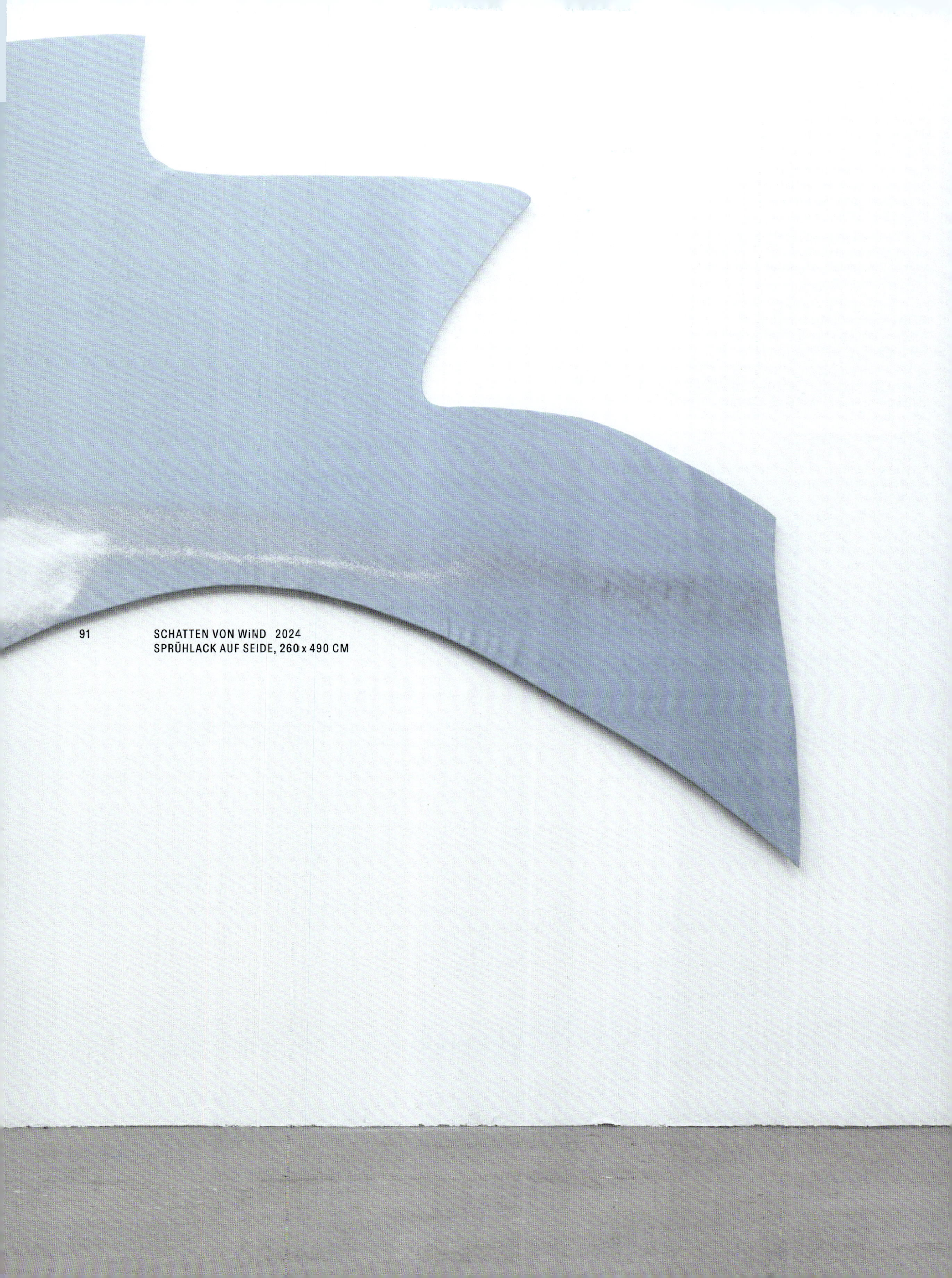

91 SCHATTEN VON WiND 2024
SPRÜHLACK AUF SEIDE, 260 x 490 CM

15 NOVEM BERiSM, 2018
Beize, Tusche und Sprühlack auf Papier
Stain, ink and spray paint on paper
224,5 x 240 cm

17 IKONE, 2018
Öl, Beize und Sprühlack auf Papier
Oil, stain and spray paint on paper
150 x 140,5 cm

19 LASS UNS GESEHEN, 2018
Öl, Beize und Bleistift auf Papier
Oil, stain and pencil on paper
199,5 x 203,5 cm

21 HAND (RÜCKSEITE VON EIS IST WARM), 2018
Metall, Luftmatratze, Sprühlack, Nylongürtel
Metal, air mattress, spray paint, nylon belt
287 x 160 x 44 cm

23 LINKS + RECHTS = KNOT, 2018
Bronze, Lack, Aufblashand, Gräser
Lacquer, inflatable hand, grasses, bronze
196 x 72 x 11 cm (Detail)

25 FAUST, 2018
Metall, Cross-Reifen, Luftmatratze, Bronzespray, kleine Eise
Metal, cross tires, air mattress, bronze spray, small ice cream
255 x 70 x 70 cm

29 LIDSTRICH, 2018
Kalin Lindena mit / with Dirk Bell
Acryl und Spühlack auf Glas, Holz, Metall
Acrylic and spray paint on glass, wood, metal
188,5 x 177,5 x 96 cm

31 TAGESBRUCH AN, 2018
Beize und Sprühlack auf Papier
Stain and spray paint on paper
237,5 x 249 cm

35 AUS DER SERIE ARiSE (GELB UND SILBER), 2020
Sprühlack und Beize auf Papier
Spray paint and stain on paper
130 x 120 cm

37 AUS DER SERIE ARiSE (GELB UND GELB), 2020
Sprühlack und Beize auf Papier
Spray paint and stain on paper
140 × 130 cm

39 AUS DER SERIE ARiSE (BRAUN), 2020
Sprühlack und Beize auf Papier
Spray paint and stain on paper
140 x 130 cm

41 AUS DER SERIE ARiSE (BLAU), 2020
Beize und Sprühlack auf Papier
Stain and spray paint on paper
267 x 137 cm

43 AUS DER SERIE ARiSE (ACiD), 2020
Sprühlack und Beize auf Papier
Spray paint and stain on paper
137 x 127 cm

45 AUS DER SERIE ARiSE (DÄCHER), 2020
Sprühlack und Beize auf Papier
Spray paint and stain on paper
120 x 110 cm

47 AUS DER SERIE ARiSE (GROSS), 2020
Beize und Lack auf Papier
Stain and varnish on paper
127 x 117 cm

49 AUS DER SERIE ARiSE (LAMPiON), 2020
Sprühlack und Beize auf Papier
Spray paint and stain on paper
125 x 115 cm

53 AUS DER SERIE ViVA (ALLES & IMMER), 2018
Beize, Sprühlack auf Papier
Stain, spray paint on paper
143 x 134 cm

55 AUS DER SERIE ViVA (AUGENBRAUEN), 2024
Sprühlack und Beize auf Papier
Spray paint and stain on paper
148 x 135 cm

57 AUS DER SERIE VIVA (MASKE), 2024
Bleiche, Beize, Sprühlack auf Papier
Bleach, stain, spray paint on paper
147 x 137 cm

59 AUS DER SERIE VIVA (SCHAL), 2024
Acryl, Beize und Sprühlack auf Papier
Acrylic, stain and spray paint on paper
159 x 156 cm

61 AUS DER SERIE VIVA (EULE), 2024
Bleiche, Beize und Sprühlack auf Papier,
Bleach, stain and spray paint on paper
140 × 135 cm

65 UNENDLICH, AUFRECHT, 2022
Beize und Pastellkreide auf Stoff (Picaldi)
Stain and pastel chalk on fabric (Picaldi)
195 × 158 cm

66 MUSKEL, 2024
Sprühlack und Pastellkreide auf Stoff (Picaldi)
Spray paint and pastel chalk on fabric (Picaldi)
120 × 150 cm

69 VERSUCH ÜBER, 2022
Bleiche und Sprühlack und Pastellkreide auf Stoff (Picaldi)
Bleach and spray paint and pastel chalk on fabric (Picaldi)
216 × 150 cm

71 DEN VERSUCH, 2022
Bleiche und Sprühlack auf Stoff (Picaldi)
Bleach and spray paint on fabric (Picaldi)
224 × 168 cm

72 WIR NENNEN EIN BILD NACH DIR, 2022
Bleiche und Sprühlack auf Stoff (Picaldi)
Bleach and spray paint on fabric (Picaldi)
178 x 253 cm

75 ERZÄHL DER ZEIT, 2022
Metall
Metal
280 x 174 x 140 cm

77 HAND (NACH BVG), 2022
Metall, Plastik
Metal, plastic
220 x 62 x 95 cm

79 DEINE 20, 2022
Beize und Bleiche auf Stoff (Picaldi)
Stain and bleach on fabric (Picaldi)
168 x 148 cm

80 TULPEN UND NARZISSEN, 2022
Sprühlack auf Stoff (Picaldi)
Spraypaint on fabric (Picaldi)
147 x 208 cm

83 UNKÄMMT, 2024
Acryl, Beize und Sprühlack auf Stoff (Picaldi)
Acrylic, stain and spray paint on fabric (Picaldi)
212 x 125 cm

84 LAMPION, 2024
Beton
Concrete
35 x 14 x 14 cm

88 FAHNE (DUNKEL) 2024
Sprühlack auf Seide
Spray paint on silk
320 x 245 cm

90 FAHNE (TÜRKIS, DUNKEL), 2024
Beize auf Stoff
Stain on fabric
245 x 405 cm

93 SCHATTEN VON WIND, 2024
Sprühlack auf Seide
Spray paint on silk
260 x 490 cm

97 OHNE TITEL, 1999
Kugelschreiber auf Papier
Pen on paper
29,7 x 21 cm

94 OHNE TITEL 1999 KUGELSCHREIBER AUF PAPIER, 29,7 x 21 CM

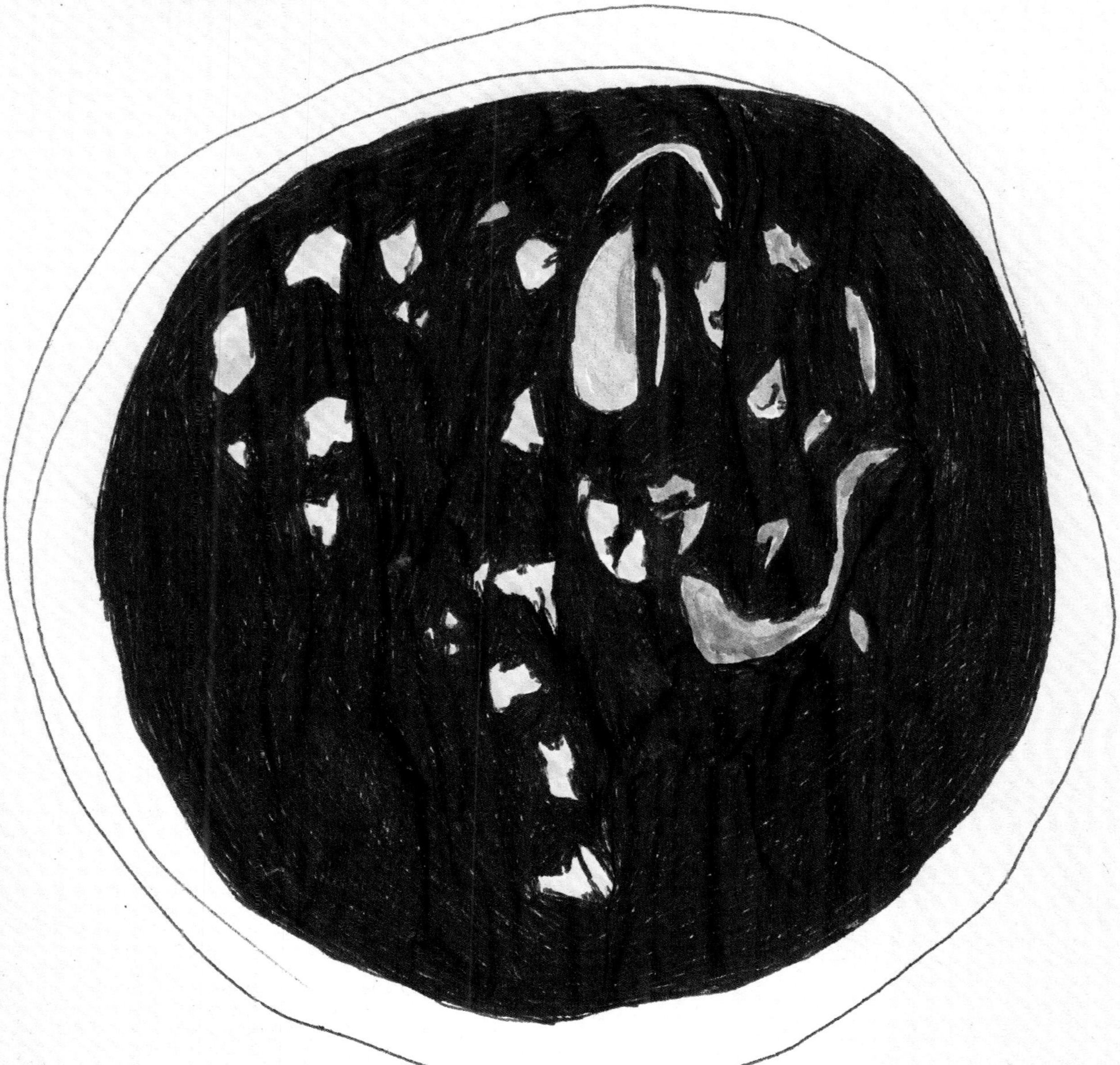

DIESE PUBLIKATION ERSCHEINT ANLÄSSLICH DER AUSSTELLUNG
THIS PUBLICATION ACCOMPANIES THE EXHIBITION
„Schatten von Wind", Städtische Galerie Karlsruhe
01.12.2024 – 27.04.2025
HERAUSGEBER
EDITORS
Förderkreis Städtische Galerie Karlsruhe e. V.
TEXT
Fabian Goppelsröder
ÜBERSETZUNG
TRANSLATIONS
Alice Lagaay
GESTALTUNG
DESIGN
very Hamburg, Nathalie Landenberger
SCHRIFT
TYPEFACE
ABC Dinamo Diatype
FOTONACHWEIS
PHOTO CREDITS
Lukas Giesler 35–49, Udo Meinel 89–93
Simon Vogel 15–31, 53–61, 65–85, 97
UMSCHLAG
COVER
Statist Atlas, 2012, Metall, Beton, Draht, Textil, Rollen, Weltkugel Metal, concrete, wire, textile, rolls, globe, 210 x 40 x 30 cm
GESAMTHERSTELLUNG
PRODUCTION
Snoeck Verlagsgesellschaft mbH
Nievenheimer Str. 18, 50739 Köln
www.snoeck.de, @snoeck_verlagsgesellschaft
ALLE WERKE
COURTESY
Kalin Lindena, Galerie Nagel Draxler

ERSCHIENEN IN DER
PUBLISHED BY
Snoeck Verlagsgesellschaft, Köln
PRINTED IN GERMANY
ISBN 978-3-86442-456-4
DANKE
THANKS
NiK Bednarek, Johanna Rihm, Heinz Pelz, Nathalie Landenberger, Fabian Goppelsröder, Franz Ackermann, Martin Neumaier, Franz Meyer: Mey Art Support, Tatjana Doll, Astrid Sourkova, Alex Müller, Galerie Nagel Draxler, Sculpture Berlin, Walter Dahn, Dirk Bell, Friedrich Kunath, Silke Schatz, Friedemann Von Stockhausen, Hartmut Neumann, Johannes Brus, Michaela Eichwald, Lutz Braun, Hanna Brandes, Erwin Gross, Aylin Picaldi, Karola Kraus, Kai Althoff, Stefan Müller, Cosima von Bonin, Will Oldham, meiner Klasse Janni Bierbrauer, Greta Höhne, Kathrin Wittmann, meiner Mutter und meinem Vater.

Die Publikation wurde durch die großzügige Unterstützung des Förderkreises Städtische Galerie Karlsruhe e.V. ermöglicht.

The publication was made possible by the generous support of the Förderkreis Städtische Galerie Karlsruhe e.V.

Fabian Goppelsröder ist Professor für ‚Kunst und Theorie' an der Staatlichen Akademie der Bildenden Künste in Karlsruhe. Seine Projekte reichen von der „Hütte als Form und Symbol" über die „Ideologie des Feedback" bis zu einer „Jazztheorie der Kommunikation". 2018 erschien sein Essay „Aisthetik der Müdigkeit", 2023 die Studie „Kalendergeschichte, Fait Divers, Twitter. Zur Medienästhetik kleiner Formen".

Fabian Goppelsröder is Professor of 'Art and Theory' at the State Academy of Fine Arts in Karlsruhe. His projects range from the 'hut as form and symbol' to the 'ideology of feedback' and a 'jazz theory of communication'. His essay "Aisthetik der Müdigkeit" was published in 2018, followed in 2023 by the study "Kalendergeschichte, Fait Divers, Twitter. On the media aesthetics of small forms".